ENGLISH - SPANISH

Concise Dictionary

WORD TO WORD

Yoselem G. Pintos

Copyright © 2018 Yoselem G. Pintos

First Edition, 2018

All rights reserved.

For more information:
E-mail: yoselem@hotmail.com

ISBN 13: 978-1-61196-922-1
ISBN 10: 1-61196-922-0

Printed in the United States of America

CONTENTS:

PREFACE	3
ABBREVIATIONS	4
THE SPANISH ALPHABET	5
SPANISH PRONUNCIATION -VOWELS	6
DIPHTHONGS	7
CONSONANTS	8
ENGLISH-SPANISH DICTIONARY	10
COMPUTER TERMS	46
NUMBERS	50
SEQUENCE NUMBERS	52
COLORS	54
DAYS OF THE WEEK	55
OFFICIAL U.S.A. HOLIDAYS	56
MONTHS OF THE YEAR	57
SEASONS	58
THE WEATHER	59

PREFACE

This dictionary can be used by those who their native language is English.
It's useful for a businessman, tradesman, tourist, sportsmen, and surely for school students, colleges, and universities.

Perfect companion guide for the English speaking, who decides to visit a Spanish speaking country.

The vocabulary entries are in a concise format based on the contemporary Spanish Standard Language, providing a quick reference. However, it does not include phrases and many derivatives and compounds that follow a clear pattern of derivation and combination have been left out as well.

Note: Underlined syllabes and accented vowels are with the purpose of demonstrate the accentuated part of the word.

ABBREVIATIONS

adj.	adjective
adv.	adverb
art.	article
conj.	conjunction
f.	female
m.	masculine
n.	noun
pl.	plural

THE SPANISH ALPHABET

a	(ah)	ñ	(<u>ehn</u>-yeh)
b	(beh)	o	(oh)
c	(ceh)	p	(peh)
d	(deh)	q	(coo)
e	(eh)	r	(<u>eh</u>-reh)
f	(<u>eh</u>-pheh)	rr	(<u>eh</u>-rreh)
g	(heh)	s	(<u>eh</u>-seh)
h	(<u>ah</u>-cheh)	t	(teh)
i	(ee)	u	(oo)
j	(<u>hoh</u>-tah)	v	(veh)
k	(kah)	w	(<u>doh</u>-bleh-veh/oo)
l	(<u>eh</u>-leh)	x	(<u>eh</u>-kees)
ll	(<u>ehl</u>-yeh)	y	(ee-gree-<u>eh</u>-gah)
m	(<u>eh</u>-meh)	z	(<u>zeh</u>-tah)
n	(<u>eh</u>-neh)		

SPANISH PRONUNCIATION

Vowels

a   As the "o" in English "mom". Say: mother/**mamá** *(mah-mah)*.

e   As the "ea" in English "dead". Say: finger/**dedo** *(deh-doh)*.

i   As the "ee" in English "feet": Say Indian/**indio** *(een-dee-oh)*.

o   As the "o" in Enlgish "boss": Say monkey/**mono** *(moh-noh)*.

u   As the "oo" in English "pool". Say:world/**mundo** *(moon-doh)*. It is silent after "g" in the cases of "gue" *(geh)*, "gui" *(gee)*; unless marked with an umlaut. Examples: *antigüedad (ahn-tee-goo-eh-dahd), pingüino (peen-goo-eh-noh)*.

y   When occurring as a vowel (in the conjunction "y" or at the end of a word), is pronounced like "e" in "me". Say: today/**hoy** *(oh-eh)*. When the "y" is at the beginning of the word it sounds "sh". Say: yoga/**yoga** *(shoh-gah)*.

DIPHTHONGS

ai   Like *"i"* in English "might". Say: country/**pais** *(pah-ees)*

ei   Like *"ay"* in English "may". Say: believed/**creído** *(creh-ee-doh)*

oi   Like *"oy"* in English "toy". Say: coincidence/**coincidencia** *(coh-een-see-dehn-see-ah)*.

au   Like "ou" in English "house". Say: caterwauling/**maullido** *(mah-oo-she-doh)*.

eu   Like "e: in English "bet" followed by "oo". Say: pseudonym/**seudónimo** *(seh-oo-dóh-nee-moh)*.

CONSONANTS

b   Like English "b". Say bible/**biblia** *(bee-blee-ah)*.

c   Before a, o, u, is like English "k". Say: bed/**cama** *(cah-mah)*. Before "e, i" is pronounced like an English "s" in "soap". Say: dinner/**cena** *(seh-nah)*.

ch   Like English "ch" in "chat". Say: driver/**chofer** *(choh-pher)*.

d   Like English "d". Say: finger/**dedo** *(deh-doh)*.

f   Like English "f". Say: party/**fiesta** *(phee-ehs-tah)*.

g   Before "e" and "i" like English "h" in "hot". Say: geranium/**geranio** *(heh-rah-nee-oh)*. In other instances the sound is like the English "g" in "get". Say: cap/**gorra** *(goh-rrah)*.

h   Always silent. Say: hello/**hola** *(oh-lah)*.

j   Like English "h". Say: July/**Julio** *(hoo-lee-oh)*.

k   Like English "k". Say: kiosk/**kiosko** *(kee-ohs-koh)*.

l   Like English "l". Say: moon/**luna** *(loo-nah)*.

m   Like English "m". Say: music/**música** *(moo-see-cah)*.

n   Like English "n". Say: name/**nombre** *(nohm-breh)*.

p   Like English "p". Say: plate/**plato** *(plah-toh)*.

q   Like English "k" (always in combination with "u", which is silent). Say: cheese/**queso** *(keh-soh)*.

r	A trilled "r". Say: anger/**rabia** *(rah-bee-ah)*.
rr	Strong trilled "r". creek/**arroyo** *(ah-rroh-yoh)*.
s	Like English "s". Say: sun/**sol** *(sohl)*.
t	Like English "t". Say: tomato/**tomate** *(toh-mah-teh)*.
v	Like English "v". Say: victory/**victoria** *(veec-toh-ree-ah)*.
w	Like English "w". Say: Walter/**Walter** *(Wahl-tehr)*.
x	Like English "x". Say: exam/**examen** *(ehx-ah-mehn)*.
y	Like English "g" in "general". Say: herb/**yerba** *(gehr-bah)*.
z	Like English "th" in the word "bath". Say: ten/**diez** *(dee-ehz)*
que	Like English ke in "kept".
qui	Like English kee in "keep".
gue	Like English gue in "guest".
gui	Like English gee in "geese"

ENGLISH-SPANISH DICTIONARY

A

abate v. corregir (coh-rreh-*geer*)
abdominal adj. abdominal
(ahb-doh-mee-*nahl*)
abnormal adj. anormal (ah-nohr-*mahl*)
abrade v. desgastar (dehs-gahs-tahr)
abrasion m. roce (roh-ceh)
abrasive (m./f. adj.) abrasivo/a
(ah-brah-*see*-voh/ah)
abscess m. absceso (ahbs-*ceh*-soh)
absorbent adj. absorbente
(ahb-sohr-*behn*-teh)
absorb v. absorber (ahb-sohr-*behr*)
absorption f. absorción (ahb-sohr-see-*óhn*)
academic m./f./adj. académico/a
(ah-cah-*deh*-mee-coh/ah)
accelerate v. acelerar (ah-ceh-leh-*rahr*)
accelerator m. acelerador
(ah-ceh-leh-rah-*dohr*)
accessories (m./pl.) accesorios
(ah-ceh-*soh*-ree-ohs)
accessory m. aditamento
(ah-dee-tah-mee-*ehn*-toh)
acclimation f. aclimatación
(ah-clee-mah-tah-see-*óhn*)
acclimatize v. aclimatizar
(ah-clee-mah-tee-*zahr*)
accountant m./f./adj. contador/a
(cohn-tah-dohr/ah)
acetate m. acetato (ah-ceh-*tah*-toh)
acetone f. acetona (ah-ceh-*toh*-nah)
achiote m. achiote (ah-chee-*oh*-teh)
acid (m./f. adj.) ácido/a (*áh*-see-doh)
acidify v. acidificar (ah-see-dee-fee-*cahr*)
acne m. acné (ahc-*neh*)
acorn f. bellota (beh-*lloh*-tah)
acoustic (m./f. adj.) acústico/a
(ah-*coos*-tee-coh/ah)
acre m. acre (*ah*-creh)

acrobat m./f./adj. acróbata
(ah-*cróh*-bah-tah)
acrylic m./f./adj. acrílico (ah-*cree*-lee-coh)
activate v. activar (ahc-tee-*vahr*)
activation f. activación
(ahc-tee-vah-see-*óhn*)
active m./f./adj. activo/a (ahc-*tee*-voh/ah)
actor m. actor (ahc-*tohr*); f. actriz
(ahc-*treez*)
act v. actuar (ahc-too-*ahr*)
acute m./f./adj. agudo/a (ah-*goo*-doh/ah)
adapt v. adaptar (ah-dahp-*tahr*)
add *v.) agregar (ah-greh-*gahr*)
additives m./f./adj. aditivos
(ah-dee-*tee*-vohs)
adequate m./f./adj. adecuado/a
(ah-deh-coo-*ah*-doh/ah)
adhere v. adherir (ahd-*eh*-reer)
adhesive m./f./adj. adhesivo/a
(ahd-eh-*see*-voh/ah)
adjustable adj. ajustable
(ah-hoos-*tah*-bleh)
adjuster m./f./adj. ajustador/a
(ah-hoos-tah-*dohr*/ah)
adjustment m. ajuste (ah-*hoos*-teh)
adjust v. ajustar (ah-hoos-*tahr*)
administrate v. administrar
(ahd-mee-nees-*trahr*)
admit v. admitir (ahd-mee-*teer*)
admixture m./f./adj. agregado/a
(ah-greh-*gah*-doh/ah)
adobe m. adobe (ah-*doh*-beh)
adolescent (m./f.) adolecente
(ah-doh-leh-*cehn*-teh)
adorn v. adornar (ah-dohr-*nahr*)
adsorb v. adsorber (ahb-sohr-*behr*)
advance v. avanzar (ah-vahn-*zahr*)
adventitious m./f./adj. adventicio
(ahd-vehn-*tee*-see-oh)
advertise v. anunciar (ah-noon-see-*ahr*)

10

advice *v.* asesorar *(ah-seh-soh-rahr)*
advise *v.* aconsejar *(ah-cohn-seh-hahr)*
advisor *m./f./adj.* asesor/a *(ah-seh-sohr/ah)*
aerate *v.* ventilar *(vehn-tee-lahr)*
aerial *m./f./adj.* aéreo/a *(ah-éh-reh-oh)*
agent *(m./f.)* agente *(ah-gehn-teh)*
age *v.* envejecer *(ehn-veh-heh-cehr)*
agglomerate *v.* aglomerar *(ah-gloh-meh-rahr)*
agglutinate *v.* aglutinar *(ah-gloo-tee-nahr)*
aggregate *m./f./adj.* agregado/a *(ah-greh-gah-doh/ah)*
aging *adj.* envejecimiento *(ehn-veh-heh-see-mee-ehn-toh)*
agitate *v.* agitar *(ah-gee-tahr)*
agitator *m./f./adj.* agitador/a *(ah-gee-tah-dohr/ah)*
agree *v.* acordar *(ah-cohr-dahr)*
agricultural *adj.* agricultural *(ah-gree-cool-too-rahl)*
agriculturist *m./f./adj.* agricultor/a *(ah-gree-cool-tohr/ah)*
agronomist *m./f./adj.* agronomista *(ah-groh-noh-mees-tah)*
aiguille *f.* aguja *(ah-gooh-hah)*
airplane *m.* avión *(ah-vee-óhn)*
alarm *v.* alarmar *(ah-lahr-mahr)*
albumen *f.* albúmina *(ahl-boo-mee-nah)*
align *v.* alinear *(ah-lee-neh-ahr)*
alkaline *m./f./adj.* alcalino/a *(ahl-cah-lee-noh/ah)*
alluvial *adj.* aluvial *(ah-loo-vee-ahl)*
almond *f.* almendra *(ahl-mehn-drah)*
alteration *f.* alteración *(ahl-teh-rah-see-óhn)*
alternate *v.* alternar *(ahl-tehr-nahr)*
alternator *m.* alternador *(ahl-tehr-nah-dohr)*
alter *v.* alterar *(ahl-teh-rahr)*
altitude *f.* altitud *(ahl-tee-tood)*
aluminosis *f.* aluminosis *(ah-loo-mee-noh-sees)*
aluminun *m.* aluminio m. *(ah-loo-mee-nee-oh)*

amalgamate *v.* amalgamar *(ah-mahl-gah-mahr)*
amaranth *m.* amaranto *(ah-mah-rah-toh)*
ammonia *m.* amoniaco *(ah-moh-nee-ah-coh)*
amputation *f.* amputación *(ahm-poo-tah-see-óhn)*
analysis *m.* análisis *(ah-náh-lee-sees)*
analyst *m./f./adj.* analista *(ah-nah-lees-tah)*
analyze *v.* analizar *(ah-nah-lee-zahr)*
anatomical *m./f./adj.* anatómico/a *(ah-nah-tóh-mee-coh/ah)*
anatomy *f.* anotomía *(ah-nah-toh-mee-ah)*
anchor *v.* anclaje *(ahn-clah-heh)*
anchor *v.* anclar *(ahn-clahr)*
anemia *f.* anemia *(ah-neh-mee-ah)*
anemone *f.* anémona *(ah-néh-moh-nah)*
angle angle *m.* ángulo *(áhn-goo-loh); adj.* angular *(ahn-goo-lahr)*
animator *adj.* animador/a *(ah-nee-mah-dohr/ah)*
anise *m.* anís *(ah-nees)*
annual *(adj./adv.)* anual *(ah-noo-ahl)*
annually *(adj./adv.)* anualmente *(ah-noo-ahl-mehn-teh)*
anorexia *f.* anorexia *(ah-noh-reh-xee-ah)*
ant *f.* hormiga *(ohr-mee-gah)*
anthropologist *adj.* antropólogo/a *(ahn-troh-póh-loh-goh/ah)*
antibodies *(m./pl.)* anticuerpos *(ahn-tee-coo-ehr-pohs)*
antiseptic *m./f./adj.* antiséptico/a *(ahn-tee-séhp-tee-co/ah)*
anxiety *f.* ansiedad *(ahn-see-eh-dahd)*
apartment *m.* apartamento *(ah-pahr-tah-mehn-toh)*
apathy *f.* apatía *(ah-pah-tee-ah)*
appeal *v.* apelar *(ah-peh-lahr)*
appetite *m.* apetito *(ah-peh-tee-toh)*
appetizer *m.* aperitivo *(ah-peh-ree-tee-voh)*
apple *f.* manzana *(mahn-zah-nah)*
appliance *m.* aparato *(ah-pah-rah-toh)*
application *f.* aplicación *(ah-plee-cah-see-óhn)*

11

applicator m. aplicador (ah-plee-cah-dohr)
apply v. aplicar (ah-plee-cahr)
appraiser m. perito (peh-ree-toh)
apprentice m. aprendiz (ah-prehn-deez)
approved adj. aprobado/a
(ah-proh-bah-doh/ah)
approve v. aprobar (ah-proh-bahr)
apricot m. albaricoque
(ahl-bah-ree-coh-keh)
apron m. delantal (deh-lahn-tahl)
aquatic m./f./adj. acuático/a
(ah-coo-ah-tee-coh)
arable adj. cultivable (cool-tee-vah-bleh)
archeologist m. arqueólogo/a
(ahr-keh-oh-loh-goh)
architect m./f./adj. arquitecto/a
(ahr-kee-tehc-toh/ah)
architecture arquitectura f.
arch m. arco (ahr-coh)
area f. área (áh-reh-ah)
argue v. discutir (dees-coo-teer)
armature f. armadura (ahr-mah-doo-rah)
armoire n. armario m. (ahr-mah-ree-oh)
aromatic adj. aromático/a (ah-roh-mah
arrange v. arreglar (ah-rreh-glahr)
arrest m. arresto (ah-rrehs-toh)
arrest v. arrestar (ah-rrehs-tahr)
arrive v. llegar (lleh-gahr)
arsenic m. arsénico (ahr-séh-nee-coh)
artery f. arteria (ahr-teh-ree-ah)
artichoke f. alcachofa (ahl-cah-choh-phah)
asbestos m. asbesto (ahs-behs-toh)
ascending adj. ascendente
(ahs-cehn-dehn-teh)
ascend v. subir (soo-beer)
asexual adj. asexual (ah-seh-xoo-ahl)
ash f. ceniza (ceh-nee-zah)
ask v. preguntar (preh-goon-tahr)
asparagus m. esparrago
(ehs-páh-rrah-goh)
asphalt m. asfalto (ahs-phal-toh)
asphyxia f. asfixia (ahs-feex-ee-ah)
aspirate v. aspirar (ahs-pee-rahr)
assault v. asaltar (ah-sahl-tahr)

assemble v. ensamblar (ehn-sahm-blahr)
assess v. evaluar (eh-vah-loo-ahr)
assimilate v. asimilar (ah-see-mee-lahr)
assortment m. surtido (soor-tee-doh)
assure v. verificar (veh-ree-phee-cahr)
asthma f. asma (ahs-mah)
atmosphere f. atmósfera
(aht-móhs-pheh-rah)
atomic (m./n./adj.) atómico/a
(ah-tóh-mee-coh/ah)
atomize v. atomizar (ah-toh-mee-zahr)
attachment m. accesorio
(ah-cehx-soh-ree-oh)
attach v. acoplar (ah-coh-plahr)
attack v. atacar (ah-tah-cahr)
attenuation f. atenuación
(ah-teh-noo-ah-see-óhn)
attic m. desván (dehs-váhn)
attorney (m./f.adj.) abogado/a
(ah-boh-gah-doh/ah)
attractant adj. atrayente (ah-trah-yehn-teh)
aunt f. tía (tee-ah)
author (m./f.adj.) autor/a (ah-oo-tohr/ah)
authorized m./f./adj. autorizado/a
(ah-oo-toh-ree-zah-doh/ah)
authorize v. autorizar (ah-oo-toh-ree-zahr)
automatic (adj./adv.) automático/a
(ah-oo-toh-mah-tee-coh)
automatically (adj./adv.) automáticamente
(ah-oo-toh-mah-tee-cah-mehn-teh)
auxiliary adj. auxiliar (ah-oo-xee-lee-ahr)
available adj. disponible
(dees-poh-nee-bleh)
avocado m. avocado (ah-voh-cah-doh)
ax f. hacha (ah-chah)
axle m. eje (eh-heh)
azalea f. azalea (ah-zah-leh-ah)

B

bacon m. tocino (toh-see-noh)
bacteria f. bacteria (bahc-teh-ree-ah)
badger f. brocha (broh-chah)
bake v. hornear (ohr-neh-ahr)

12

balance v. balancear *(bah-lahn-ceh-ahr)*
balcony m. balcón *(bahl-cóhn)*
baldness f. calvicie *(cahl-vee-see-eh)*
baling m. embalaje *(ehm-bah-lah-heh)*
baluster m. balustre *(bah-loos-treh)*
bamboo m. bambú *(bahm-boo)*
banana f. banana *(bah-nah-nah)*
barber *(m./f.adj.)* peluquero/a
(peh-loo-keh-roh/ah)
bar f. barra *(bah-rrah)*
bark f. corteza *(cohr-teh-zah)*
barley f. cebada *(ceh-bah-dah)*
barn m. establo *(ehs-tah-bloh)*
barnyard *(m.* corral *(coh-rrahl)*
barriers *(f./pl.)* barreras *(bah-rreh-rahs)*
basement m. sótano *(soh-tah-noh)*
basil f. albahaca *(ahl-bah-ah-cah)*
basket f. canasta *(cah-nahs-tah)*
bathroom m. baño *(bah-nee-oh)*
battery f. batería *(bah-teh-ree-ah)*
beam f. viga *(vee-gah)*
bean m. frijol *(free-hohl)*
bear *(m./f.)* oso/a *(oh-soh/ah)*; v. cargar
(cahr-gahr)
beard f. barba *(bahr-bah)*
bed f. cama *(cah-mah)*
bedroom f. dormitorio
(dohr-mee-toh-ree-oh)
bee f. abeja *(ah-beh-hah)*
beef f. carne *(cahr-neh)*
beehive f. colmena *(cohl-meh-nah)*
beer f. cerveza *(cehr-veh-zah)*
beet f. remolacha *(reh-moh-lah-chah)*
beginner m. principiante
(preen-see-pee-ahn-teh)
begonia f. begonia *(beh-goh-nee-ah)*
behavior f. conducta *(coh-dooc-tah)*
belt m. banda *(bahn-dah)*
bench m. banco *(bahn-coh)*
bending adj. doblando *(doh-blahn-doh)*
berry f. mora *(moh-rah)*
be v. estar *(ehs-tahr)*
bicycle f. bicicleta *(bee-see-cleh-tah)*
bin m. cajón *(cah-hón)*

biologist m. biólogo *(bee-oh-loh-goh)*
bird m. pájaro *(páh-hah-roh)*
blackberries *(f.pl.)* zarzamoras
(zahr-zah-moh-rahs)
blacksmith m. herrero *(eh-rreh-roh)*
blade f. cuchilla *(coo-chee-llah)*
blanket f. frazada *(phra-zah-dah)*
bleach m./f./adj. blanqueador/a
(blahn-keh-ah-doh-rah)
bleach v. blanquear *(blahn-keh-ahr)*
bleeding adj. sangrando *(sahn-grahn-doh)*
blemish m. mancha *(mahn-chah)*
blender f. licuadora *(lee-coo-ah-doh-rah)*
blend v. licuar *(lee-coo-ahr)*
blind m./f./adj. ciego/a *(see-eh-goh/ah)*
blindness f. ceguera *(ceh-geh-rah)*
blinds *(f./pl)* persianas *(pehr-see-ah-nahs)*
blister f. ampolla *(ahm-poh-llah)*
bloat v. hinchar *(een-chahr)*
block f. cuadra *(coo-ah-drah)*; v. bloquear
(bloh-keh-ahr)
blocking adj. bloqueando
(bloh-keh-ahn-doh)
blood f. sangre *(sahn-greh)*
blossom v. florecer *(phloh-reh-cehr)*
blow v. soplar *(soh-plahr)*
board v. entablar *(ehn-tah-blahr)*
boil v. hervir *(ehr-veer)*
bolted adj. atornillado/a
(ah-tohr-nee-llah-doh/ah)
bolt m. tornillo *(tohr-nee-lloh)*; v. atornillar
(ah-tohr-nee-llahr)
bookcase m. librero *(lee-breh-roh)*
boots *(f./pl.)* botas *(boh-tahs)*
boss m./f./adj. jefe/a *(heh-pheh)*
botanist m./f./adj. botánico/a
(boh-tah-nee-coh/ah)
box f. caja *(cah-hah)*
brace f. abrazadera
(ah-brah-zah-deh-rah) v. apoyar
(ah-poh-yahr)
brake m. freno *(phreh-noh)*; v. *(phreh-nahr)*
frenar
branch f. rama *(rah-mah)*

13

bran m. salvado (sahl-_vah_-doh)
bread m. pan (_pah_n)
breathe (m). respiro (rehs-pee-roh) v. respirar (rehs-pee-_rahr_)
breathing f. respiración (rehs-pee-rah-see-_óhn_)
breeder adj. criador (cree-ah-_dohr_)
breed v. criar (cree-_ahr_)
brew v. elaborar (eh-lah-boh-_rahr_)
brine f. salmuera (sahl-moo-_eh_-rah)
bring v. traer (trah-_ehr_)
broccoli m. brócoli (_bróh_-coh-lee)
broken m./f./adj. roto/a (_roh_-toh/ah)
broker m. corredor (coh-rreh-_dohr_)
broom f. escoba (ehs-_coh_-bah)
brother m. hermano (ehr-_mah_-noh)
bruise v. moretón (moh-reh-_tóhn_); v. moretonear (moh-reh-toh-neh-_ahr_)
brush m. cepillo (ceh-pee-lloh); cepillar (ceh-pee-_llahr_)
bucket f. cubeta (coo-_beh_-tah)
buckle f. hebilla (eh-_bee_-llah); v. abrochar (ah-broh-_chahr_)
bud v. brotar (broh-_tahr_)
builder m. constructor (cohns-trooc-_tohr_)
building m. edificio (eh-dee-_fee_-see-oh)
build v. construir (cohns-troo-_eer_)
bull m. toro (_toh_-roh)
bumblebee m. abejón (ah-beh-_hóhn_)
bump f. abolladura (ah-boh-llah-_doo_-rah)
bunch m. ramo (_rah_-moh)
burglar m. ladrón (lah-_dróhn_)
burner m. quemador (keh-mah-_dohr_)
burn v. quemar (keh-_mahr_)
businessman m. negociante (neh-goh-see-_ahn_-teh)
businesswoman f. negociante (neh-goh-see-_ahn_-teh)
bus m. autobús (ah-oo-toh-_boos_)
butcher (m./adj.) carnicero (cahr-nee-_ceh_-roh)
butter f. mantequilla (mahn-teh-_kee_-llah)
butterfly f. mariposa (mah-ree-_poh_-sah)
buyer (m./f.adj.) comprador/a (cohm-prah-_doh_-rah)
buy v. comprar (cohm-_prahr_)

C

cabbage m. repollo (reh-_poh_-lloh)
cable m. cable (_cah_-bleh)
cactus m. cactus (_cahc_-toos)
cage f. jaula (_hah_-oo-lah)
cake m. pastel (pahs-_tehl_)
calculator f. calculadora (cahl-coo-lah-_doh_-rah)
calf m. ternero (tehr-_neh_-roh)
caliber m. calibre (cah-_lee_-breh)
calibrate v. calibrar (cah-lee-_brahr_)
callus m. callo (_cah_-lloh)
call v. llamar (llah-_mahr_)
calorie f. caloría (cah-loh-_ree_-ah)
canal m. canal (cah-_nahl_)
cancer cáncer (_cáhn_-cehr)
can f. lata (_lah_-tah); v. poder (poh-_dehr_)
canned m./f./adj. enlatado/a (ehn-lah-tah-doh/ah)
cantaloupe m. melón (meh-_lóhn_)
canvas f. lona (loh-nah)
capable adj. capaz (cah-pahz)
capacity (f./adj.) capacidad (cah-pah-_see_-tee)
capsule f. cápsula (cahp-soo-lah)
cap v. tapar (tah-_pahr_)
cardboard m. cartón (cahr-_tóhn_)
caress v. acariciar (ah-cah-ree-see-_ahr_)
car m. coche (_coh_-cheh)
carnation m. clavel (clah-_vehl_)
carpenter (m./f.adj.) carpintero/a (cahr-peen-teh-roh/ah)
carpet f. alfombra (ahl-_phom_-brah)
carrot f. zanahoria (zah-nah-_oh_-ree-ah)
carry v. cargar (cahr-_gahr_)
cartridge m. cartucho (cahr-_too_-choh)
case m. bastidor (bahs-tee-_dohr_)
cashew f. nuez (noo-_ehz_)

14

cash *m.* efectivo *(eh-phec-tee-voh)*; cobrar *(coh-brahr)*
cassava *f.* yuca *(yoo-cah)*
castrate *v.* castrar *(cahs-trahr)*
cataract *f.* catarata *(cah-tah-rah-tah)*
catastrophe *f.* catástrofe *(cah-táhs-troh-pheh)*
catch *m.* pestillo *(pehs-tee-lloh)*; *v.* agarrar *(ah-gah-rrahr)*
caterpillar *f.* oruga *(oh-roo-gah)*
cathedral *f.* catedral *(cah-teh-drahl)*
cattle *m.* ganado *(gah-nah-doh)*
cattleman *m.* ganadero *(gah-nah-deh-roh)*
cauliflower *m.* coliflor *(coh-lee-phlohr)*
caulk *v.* enyesar *(ehn-yeh-sahr)*
cause *f.* causa *(cah-oo-sah)*
cedar *m.* cedro *(ceh-droh)*
ceiling *m.* techo *(teh-choh)*
celery *m.* apio *(ah-pee-oh)*
cell *f.* célula *(céh-loo-lah)*
cellulose *f.* celulosa *(ceh-loo-loh-sah)*
cement *m.* cemento *(ceh-mehn-toh)*; *v.* cementar *(ceh-mehn-tahr)*
centrifugal *m./f./adj.* centrífugo/a *(cehn-tree-phoo-goh/ah)*
cereal *m.* cereal *(ceh-reh-ahl)*
chain *f.* cadena *(cah-deh-nah)*; encadenar *(ehn-cah-deh-nahr)*
chainsaw *f.* motosierra *(moh-toh-see-eh-rrah)*
chain *v.* encadenar *(ehn-cah-deh-nahr)*
chamomile *f.* manzanilla *(mahn-zah-nee-llah)*
change *v.* cambiar *(cahm-bee-ahr)*
channel *m.* canal *(cah-nahl)*; *v.* acanalar *(ah-cah-nah-lahr)*
chard *f.* acelga *(ah-cehl-gah)*
chart *f.* gráfica *(gráh-phee-cah)*
check *m.* cheque *(cheh-keh)*; *v.* verificar *(veh-ree-phee-cahr)*
cheese *(m)* queso *(keh-soh)*
chemical *(m./adj.)* químico *(kee-mee-coh)*
chemist *m./f./adj.* químico/a *(kee-mee-coh/ah)*

chemistry *f.* química *(kee-mee-cah)*
cherries *(f./pl.)* cerezas *(ceh-reh-zahs)*
chestnut *f.* castaña *(cahs-tah-nee-ah)*
chew *v.* masticar *(mahs-tee-cahr)*
chicken *m.* pollo *(poh-lloh)*
chick *m.* pollito *(poh-llee-toh)*
chill *m.* escalofrío *(ehs-cah-loh-phree-oh)*
chimney *f.* chimenea *(chee-meh-neh-ah)*
chisel *m.* cincel *(seen-cehl)*; *v.* cincelar *(seen-ceh-lahr)*
chives *m.* cebollín *(ceh-boh-lleen)*
chlorine *m.* cloro *(cloh-roh)*
chlorophyll *f.* clorofila *(cloh-roh-phee-lah)*
chocolate *m.* chocolate *(choh-coh-lah-teh)*
choke *v.* asfixiar *(ahs-phee-xee-ahr)*
choose *v.* elegir *(eh-leh-geer)*
chop *v.* trozar *(troh-zahr)*
chorizo *m.* chorizo *(choh-ree-zoh)*
Christmas *f.* Navidad *(nah-vee-dahd)*
chromosome *m.* cromosoma *(croh-moh-soh-mah)*_
chronic *m./f./adj.* crónico/a *(cróh-nee-coh/ah)*
chrysanthemum *m.* crisantemo *(cree-sahn-teh-moh)*
chuck *m.* mango *(mahn-goh)*
church *f.* iglesia *(ee-gleh-see-ah)*
chute *m.* canal *(cah-nahl)*
cider *f.* sidra *(see-drah)*
cinnamon *f.* canela *(cah-neh-lah)*
circuit *m.* circuito *(seer-coo-ee-toh)*
circular *adj.* circular *(seer-coo-lahr)*
circulatory *adj.* circulatorio *(seer-coo-lah-toh-ree-oh)*
citation *f.* citación *(see-tah-see-óhn)*
civil *adj.* civil *(see-veel)*
claim *v.* reclamar *(reh-clah-mahr)*
clamp *f.* grapa *(grah-pah)*; *v.* amordazar *(ah-mohr-dah-zahr)*
clasp *m.* retén *(reh-tehn)*; *v.* abrochar *(ah-broh-chahr)*
classification *f.* clasificación *(clah-see-phee-cah-see-óhn)*

classifier *m./f./adj.* clasificador/a *(clah-see-phee-cah-dohr/ah)*
clay *f.* arcilla f.
cleaner *m./f./adj.* limpiador/a *(leem-pee-ah-dohr-ah)*
cleaning *f.* limpieza *(leem-pee-eh-zah)*; limpiar v.
clean *m./f./adj.* limpio/a *(leem-pee-oh/ah)*; v. limpiar *(leem-pee-ahr)*
cleanout *m.* registro *(reh-gees-troh)*
cleanser *m./f./adj.* limpiador/a *(leem-pee-ah-dohr/ah)*
climate *f.* clima *(clee-mah)*
climbing *(adv.)* trepando *(treh-pahn-doh)*
climb *v.* subir *(soo-beer)*
clip *f.* presilla *(preh-see-llah)*; v. abrochar *(ah-broh-chahr)*
clod *m.* terrón *(teh-rrón)*
closed adj. cerrado/a (m.f.)
close *v.* cerrar *(ceh-rrahr)*
cloth *f.* tela *(teh-lah)*
clover *m.* trébol *(tréh-bohl)*
clown *m./f./adj.* payaso/a *(pah-yah-soh/ah)*
clump *m.* grupo *(groo-poh)*
clutch *m.* embrague *(ehm-brah-geh)*
coal *m.* carbón *(cahr-bóhn)*
coarse *m./f./adj.* grueso/a *(groo-eh-soh/ah)*
coated *m./f./adj.* recubierto/a *(reh-coo-bee-ehr-toh/ah)*
cobbler *m./f./adj.* zapatero/a *(zah-pah-teh-roh/ah)*
cob *f.* mazorca *(mah-zohr-cah)*
cock *m.* gallo *(gah-lloh)*
cocoa *f.* cacao *(cah-cah-oh)*
coconut *m.* coco *(coh-coh)*
cocoon *m.* capullo *(cah-poo-lloh)*
coffee *m.* café *(cah-phéh)*
coffer *m.* artesón *(ahr-teh-sóhn)*
cold *(m./adj.)* frío *(free-oh)*
coldness *(f./adj.)* frialdad *(free-ahl-dad)*
collapse *(m./adj.)* colapso *(coh-lahp-soh)*
collar *m.* collar *(coh-llahr)*
collision *m.* choque *(choh-keh)*

colonize *v.* colonizar *(coh-loh-nee-zahr)*
colony *f.* colonia *(coh-loh-nee-ah)*
color *m.* color *(coh-lohr)*; v. colorear *(coh-loh-reh-ahr)*
column *f.* columna *(coh-loom-nah)*
coma *f.* coma *(coh-mah)*
combination *f.* combinación *(cohm-bee-nah-see-óhn)*
comb *m.* peine *(peh-ee-neh)*
comfortable *m./f./adj.* cómodo/a *(cóh-moh-doh/ah)*
comfort *m./f./adj.* cómodo/a *(coh-moh-doh/ah)*
commercial adj. comercial *(coh-mehr-see-ahl)*
common adj. común *(coh-moon)*
compare *v.* comparar *(cohm-pah-rahr)*
compass *m.* compás *(cohm-páhs)*
competent adj. competente *(cohm-peh-tehn-teh)*
compete *v.* competir *(cohm-peh-teer)*
competitor *m./f./adj.* competidor/a *(cohm-peh-tee-dohr/ah)*
complaint *f.* queja *(keh-hah)*
complement *v.* complementar *(cohm-pleh-mehn-tahr)*
compliance *n.* cumplimiento *(coom-plee-mee-ehn-toh)*
comply *v.* cumplir *(coom-pleer)*
compost *m.* abono *(ah-boh-noh)*; v. fermentar *(pher-mehn-tahr)*
compressor compresor/a *(cohm-preh-sohr/ah)*
compress *v.* apelmazar *(ah-pehl-mah-zahr)*
concentrate *m./f./adj.* concentrado/a *(cohn-cehn-trah-doh/ah)*
concentrate *v.* concentrar *(cohn-cehn-trahr)*
concrete *m.* concreto *(cohn-creh-toh)*
condensate *v.* condensar *(cohn-dehn-sahr)*
condensation *f.* condensación *(cohn-dehn-sah-see-óhn)*

16

condominium *m.* condominios
(cohn-doh-<u>mee</u>-nee-oh)
conduct *v.* conducir (cohn-doo-<u>seer</u>)
confined *adj.* confinado/a
(cohn-phee-<u>nah</u>-doh/ah)
confinement *m.* encierro (ehn-see-<u>eh</u>-rroh)
confirm *v.* confirmar (cohn-pheer-<u>mahr</u>)
congenital *m./f./adj.* congénito/a
(cohn-<u>géh</u>-nee-toh/ah)
connections (f./pl.) conexiones
(coh-neh-xee-<u>oh</u>-nehs)
connective *m./f./adj.* conectivo/a
(coh-nehc-<u>tee</u>-voh/ah)
connect *v.* conectar (coh-nehc-<u>tahr</u>)
constipation *m.* estreñimiento
(ehs-treh-nee-mee-<u>ehn</u>-toh)
construct *v.* construir (cohns-troo-<u>eer</u>)
consultant *m./f./adj.* asesor/a
(ah-seh-<u>sohr</u>/ah)
consult *v.* asesorar (ah-seh-soh-<u>rahr</u>)
consumer (m./f/adj.) consumidor/a
(cohn-soo-mee-<u>dohr</u>/ah)
contact *m.* contacto (cohn-<u>tahc</u>-toh);
contactar (cohn-tahc-<u>tahr</u>)
container *m.* recipiente
(reh-see-pee-<u>ehn</u>-teh)
contaminant *adj.* contaminante
(cohn-tah-mee-<u>nahn</u>-teh)
contaminated *m./f./adj.* contaminado/a
(cohn-tah-mee-<u>nah</u>-do/ah)
contaminate *v.* contaminar
(cohn-tah-mee-<u>nahr</u>)
continue *v.* continuar (cohn-tee-noo-<u>ahr</u>)
contour *m.* contorno (cohn-<u>tohr</u>-noh)
contractions *f.* contracciones
(cohn-trah-xee-<u>oh</u>-nehs)
contract *m.* contrato (cohn-<u>trah</u>-toh); *v.*
contratar (cohn-trah-<u>tahr</u>)
contractor (m./f.) contratista
(cohn-trah-<u>tees</u>-tah)
contrast *m.* contraste (cohn-<u>trahs</u>-teh)
control *m.* control (cohn-<u>trohl</u>); *v.* controlar
(cohn-troh-<u>lahr</u>)
contusion *f.* contusión (cohn-too-see-<u>óhn</u>)

convulsion *f.* convulsión
(cohn-vool-see-<u>óhn</u>)
cooker cocinero/a (coh-see-<u>neh</u>-roh/ah)
cook *m.* cocinero (coh-see-<u>neh</u>-roh)
cook *v.* cocinar (coh-see-<u>nahr</u>)
coolant *adj.* refrigerante
(reh-free-geh-rahn-teh)
cool *v.* enfriar (ehn-free-<u>ahr</u>)
cooperative *f.* cooperativa
(coh-peh-rah-<u>tee</u>-vah)
coordinate *v.* coordinar (cohr-dee-<u>nahr</u>)
coordination *f.* coordinación
(cohr-dee-nah-see-<u>óhn</u>)
copier *f.* copiadora (coh-pee-ah-<u>doh</u>-rah)
copper *m.* cobre (<u>coh</u>-breh)
copy *v.* copiar (coh-pee-<u>ahr</u>)
coriander *m.* cilantro (see-<u>lahn</u>-troh)
cork *m.* corcho (<u>cohr</u>-choh)
corner *f.* esquina (ehs-<u>kee</u>-nah)
cornice *f.* cornisa (cohr-<u>nee</u>-sah)
corrode *v.* oxidar (oh-xee-<u>dahr</u>)
cotton *m.* algodón (ahl-goh-<u>dóhn</u>)
cough *f.* tos (tohs)
counseling (m.) asesoramiento
(ah-seh-soh-rah-mee-<u>ehn</u>-toh)
counter *m.* mostrador (mohs-trah-<u>dohr</u>)
countershaft *f./adv.* contraflecha
(cohn-trah-<u>fleh</u>-chah)
countersink *n.* avellanador
(ah-veh-llah-nah-<u>dohr</u>)
count *v.* contar (cohn-<u>tahr</u>)
couple *v.* acoplar (ah-coh-<u>plahr</u>)
cousin *m./f./adj.* primo/a (<u>pree</u>-moh/ah)
cover (f.) cubierta (coo-bee-ehr-tah); cubrir
(coo-<u>breer</u>) *v.*
covered *m./f./adj.* cubierto/a
(coo-bee-<u>ehr</u>-toh/ah)
cover *f.* tapa (<u>tah</u>-pah)
cowboy *m.* vaquero (vah-<u>keh</u>-roh)
cowgirl *f.* Vaquera (vah-<u>keh</u>-rah)
crack (v.) agrietar (ah-gree-eh-<u>tahr</u>)
cramp *m.* calambre (cah-<u>lahm</u>-breh)
cranberry *m.* arándano (ah-<u>ráhn</u>-dah-noh)
crane *f.* Grúa (<u>groo</u>-ah).

17

crash v. chocar *(choh-cahr)*
crate f. jaula *(hah-oo-lah)*
crawl v. gatear *(gah-teh-ahr)*
cream f. crema *(creh-mah)*
crop f. cosecha *(coh-seh-chah)*
cross f. cruz *(crooz)*; v. cruzar *(croo-zahr)*
crosspiece m. travesaño
(trah-veh-sah-nee-oh)
crusher m./f./adj. triturador/a
(tree-too-rah-dohr/ah)
crush v. aplastar *(ah-plahs-tahr)*
cucumber m. pepino *(peh-pee-noh)*
cultivator m./f./adj. cultivador/a
(cool-tee-vah-dohr/ah)
cumin m. comino *(coh-mee-noh)*
cupboard f. despensa *(dehs-pehn-sah)*
cure v. curar *(coo-rahr)*
curl v. enrular *(ehn-roo-lahr)*
cushion m. cojin *(coh-heen)*
customer m. cliente *(clee-ehn-teh)*
cut f. cortada *(cohr-tah-dah)*; v. cortar
(cohr-tahr)
cutter m./f./adj.cortador/a
(cohr-tah-dohr/ah)
cycle m. ciclo *(see-cloh)*
cylinder m. cilindro *(see-leen-droh)*

D

dairyman m. lechero *(leh-cheh-roh)*
dampen v. mojar *(moh-hahr)*
dam f. presa *(preh-sah)*
dancer m. bailarín *(bah-ee-lah-reen)*
dandruff f. caspa *(cahs-pah)*
dangerous m./f./adj. peligroso/a
(peh-lee-groh-soh/ah)
danger m. peligro *(peh-lee-groh)*
darken v. obscurecer *(ohbs-coo-reh-cehr)*
date f. fecha *(pheh-chah)*
daughter f. hija *(ee-hah)*
day día m. *(dee-ah)*
daylight luz del día *(looz-delh-dee-ah)*
deafness f. sordera *(sohr-deh-rah)*
debris m. desecho *(deh-seh-choh)*

decay f. putrefacción
(poo-treh-fah-xee-óhn); v. pudrir *(poo-dreer)*
decompose v. descomponer
(dehs-cohm-poh-nehr)
decorate v. decorar *(deh-coh-rahr)*
deepen v. profundizar *(proh-foon-dee-zahr)*
deep m./f./adj. profundo/a
(proh-phoon-doh/ah)
defeat v. vencer *(vehn-cehr)*
defecate v. defecar *(deh-pheh-cahr)*
defend v. defender *(deh-phen-dehr)*
deform v. deformar *(deh-phor-mahr)*
deformed m./f./adj. deformado/a
(deh-phor-mah-doh/ah)
deformity v. deformidad
(deh-phor-mee-dad)
degenerate v. degenerar
(deh-geh-neh-rahr)
degrade v. degradar *(deh-grah-dahr)*
degreaser m./f./adj. desengrasador/a
(deh-sehn-grah-sah-dohr/ah)
dehorn v. descornar *(dehs-cohr-nahr)*
dehumidifier m./adj. deshumidificador
(dehs-oo-mee-phee-cah-dohr)
dehydrate v. deshidratar
(dehs-ee-drah-tahr)
dehydration f. deshidratación
(dehs-ee-drah-tah-see-óhn)
delirium m. delírio *(deh-lee-ree-oh)*
demand f. demanda *(deh-mahn-dah)*; v.
demandar *(deh-mahn-dahr)*
demonstrate v. demostrar
(deh-mohs-trahr)
dense m./f./adj. denso/a *(dehn-soh/ah)*
dentist m./f./adj. dentista *(dehn-tees-tah)*
department m. departamento
(deh-pahr-tah-mehn-toh)
deposit v. depositar *(deh-poh-see-tahr)*
deposition f. deposición
(deh-poh-see-see-óhn)
depression f. depresión
(deh-preh-see-óhn)
depth f. profundidad
(proh-phoon-dee-dahd)

18

dermatitis f. dermatitis (dehr-mah-_tee_-tees)
dermatitis f./adj. dermatitis (dehr-mah-_tee_-tees)
desiccate v. desecar (deh-seh-_cahr_)
design v. diseñar (dee-seh-nee-_ahr_)
design m. diseño (deh-_seh_-nee-oh)
dessert m. postre (_pohs_-treh)
detach v. desprender (dehs-prehn-_dehr_)
detail v. detallar (deh-tah-_llahr_)
detergent m. detergente (deh-tehr-_gehn_-teh)
deteriorate v. deteriorar (deh-teh-ree-oh-_rahr_)
develop v. desarrollar (deh-sah-rroh-_llahr_)
device m. dispositivo (dees-poh-see-_tee_-voh)
diameter m. diámetro (dee-_ah_-meh-troh)
diarrhea f. diarrea (dee-ah-_rreh_-ah)
die m. dado (_dah_-doh); v. morir (moh-_reer_)
dig v. cavar (cah-_vahr_)
digest v. digerir (dee-geh-_reer_)
digestion f. digestión (dee-gehs-tee-_óhn_)
digestive (m./f./adj.) digestivo/a (dee-gehs-_tee_-voh/ah)
dill m. eneldo (eh-_nehl_-doh)
dining room m. comedor (coh-meh-_dohr_)
dip m. baño (bah-nee-oh); (v.) sumergir (soo-mehr-_geer_)
direct v. dirigir (dee-ree-_geer_)
director (m./f./adj.) director/a (dee-rehc-_tohr_/ah)
disabled (m./f./adj.) deshabilitado/a (dehs-ah-bee-lee-_tah_-doh.ah)
disagree m. desacuerdo (dehs-ah-coo-_ehr_-doh)
disappoint v. decepcionar (deh-cehp-see-oh-_nahr_)
disapprove v. desaprobar (dehs-ah-proh-_bahr_)
disassemble v. desarmar (deh-sahr-_mahr_)
disbud v. desbotonar (dehs-boh-toh-_nahr_)
disbudding v. desbrotar (dehs-broh-_tahr_)
discard (v.) desechar (deh-seh-_chahr_)
disc m. disco (_dees_-coh)

discharge f. descarga (dehs-_cahr_-gah)
disciplinary m./f./adj. disciplinario/a (dees-see-plee-_nah_-ree-oh/ah)
discipline f. disciplina (dee-see-_plee_-nah)
discomfort f. molestia (moh-_lehs_-tee-ah)
disease f. enfermedad (ehn-pher-meh-_dahd_)
dish m. plato (_plah_-toh)
dishwasher m./adj. Lavaplatos (lah-vah-_plah_-tohs)
disinfectant m./adj. desinfectante (deh-seen-phehc-_tahn_-teh)
disinfect v. desinfectar (deh-seen-phehc-_tahr_)
disintegrate v. desintegrar (deh-seen-teh-_grahr_)
dislocation f. dislocación (dees-loh-cah-see-_óhn_)
dismantle (v.) desmantelar (dehs-mahn-teh-_lahr_)
dismount v. desmontar (dehs-mohn-_tahr_)
display v. exhibir (ehx-see-_beehr_)
disposable adj. desechable (deh-seh-_chah_-bleh)
dissolve v. disolver (dee-sohl-_vehr_)
distill v. destilar (dehs-tee-_lahr_)
distortion f. distorsión (dees-tohr-see-_óhn_)
distribute v. distribuir (dees-tree-boo-_ehr_)
distribution f. distribución (dees-tree-boo-see-_óhn_)
distributor m./f./adj. distribuidor/a (dees-tree-boo-ee-dohr/ah)
ditch f. zanja (_zahn_-hah)
divide v. dividir (dee-vee-_deer_)
division f. división (dee-vee-see-_óhn_)
dizziness m. mareo (mah-_reh_-oh)
doctor (m./f./adj.) doctor/a (dohc-_tohr_/ah)
dog n. (dog) perro (s) (_peh_-rroh)
door f. puerta (poo-_ehr_-tah)
dosage f. dosis (_doh_-sees)
double adj. doble (_doh_-bleh)
dowel m. pitón (pee-_tohn_)
draftsman m. dibujante (dee-boo-_hahn_-teh)
draft v. tirar (tee-_rahr_)

drainage m. drenaje (dreh-<u>nah</u>-heh)
drain v. drenar (dreh-<u>nahr</u>)
draw v. dibujar (dee-boo-<u>hahr</u>)
drawer m. cajón (cah-<u>hóhn</u>)
drawing m. dibujo (dee-<u>boo</u>-hoh)
drawknife f. desbastadora (dehs-bahs-tah-<u>doh</u>-rah)
dredge f. draga (<u>drah</u>-gah); v. dragar (drah-<u>gahr</u>)
drill m. taladro (tah-<u>lah</u>-droh); v. perforar (pehr-phoh-<u>rahr</u>)
drink v. tomar (toh-<u>mahr</u>)
drip v. gotear (goh-teh-<u>ahr</u>)
drive v. manejar (mah-neh-<u>hahr</u>)
driver m. chofer (choh-<u>phehr</u>)
drizzle v. lloviznar (lloh-veehz-<u>nahr</u>)
drop v. caer (cah-<u>ehr</u>)
drought f. sequia (seh-<u>kee</u>-ah)
drowsiness (f./adj.) visión borrosa (vee-see-<u>óhn</u>/ boh-rroh-<u>sah</u>))
dryer f. secadora (seh-cah-<u>doh</u>-rah)
dry m./f./adj. seco/a (<u>seh</u>-coh/ah); v. secar (seh-<u>cahr</u>)
duct m./adj. conducto (cohn-<u>dooc</u>-toh)
dust m. polvo (<u>pohl</u>-voh); sacudir (sah-coo-<u>deer</u>)
dwarf m./f./adj. enano/a (eh-<u>nah</u>-no/ah)
dyer m./adj. tintero (teen-<u>teh</u>-roh)
dye m. tinte (<u>teen</u>-teh); v. teñir (teh-<u>nyeer</u>)
dynamic m./f./adj. dinámico/a (dee-<u>nah</u>-mee-coh/ah)
dysfunction m. desorden (dehs-<u>ohr</u>-dehn)

E

early m./f./adj. temprano/a (tehm-<u>prah</u>-noh/ah)
ear f. oreja (oh-<u>reh</u>-hah)
earthquake m. terremoto (teh-rreh-<u>moh</u>-toh)
earthworm f. lombriz (lohm-<u>breez</u>)
east m. este (<u>ehs</u>-teh)
eat v. comer (coh-<u>mehr</u>)
echo m. eco (<u>eh</u>-coh)

ecology f. ecología (eh-coh-loh-<u>gee</u>-ah)
economics f. economía (eh-coh-noh-<u>mee</u>-ah)
economize v. economizar (eh-coh-noh-mee-<u>zahr</u>)
economizer m./f./adj. economizador/a (eh-coh-noh-mee-zah-<u>dohr</u>/ah)
eczema f. eczema (ehc-<u>zeh</u>-mah)
edge m. borde (<u>bohr</u>-deh); v. bordear (bohr-deh-<u>ahr</u>)
edger f./adj. bordeadora (bohr-deh-ah-<u>doh</u>-rah)
edible adj. comestible (coh-mehs-<u>tee</u>-bleh)
effect m. efecto (eh-<u>phec</u>-toh)
effective m./f./adj. efectivo/a (eh-phec-<u>tee</u>-voh/ah)
efficacy f. eficacia (eh-phee-<u>cah</u>-see-ah)
egg m. huevo (oo-<u>eh</u>-voh)
eggplant f. berenjena (beh-rehn-<u>heh</u>-nah)
eject v. expulsar (ehx-pool-<u>sahr</u>)
elbow m. codo (<u>coh</u>-doh)
electric m./f./adj. eléctrico/a (eh-<u>lehc</u>-tree-coh/ah)
electrician m. electricista (eh-lehc-tree-<u>sees</u>-tah)
electricity f. electricidad (eh-lehc-tree-see-<u>dahd</u>)
element m. elemento (eh-leh-<u>mehn</u>-toh)
elevate v. elevar (eh-leh-<u>vahr</u>)
elevation f. elevación (eh-leh-vah-see-<u>óhn</u>)
elevator m. elevador (eh-leh-vah-<u>dohr</u>)
emergency f. emergencia (eh-mehr-gehn-see-ah)
emission f. emisión (eh-mee-see-<u>óhn</u>)
emotional adj. emocional (eh-moh-see-oh-<u>nahl</u>)
emphasis m. énfasis (<u>éhn</u>-phah-sees)
employee m./f./adj. empleado/a (ehm-pleh-<u>ah</u>-doh/ah)
employer m./f./adj. patrón/a (pah-<u>tróhn</u>/ah)
empty m./f./adj. vacio/a (vah-see-oh/ah); v. vaciar (vah-see-<u>ahr</u>)
emulsion f. emulsión (eh-mool-see-óhn)

20

enclosed *adj.* encerrado/a
(ehn-ceh-<u>rrah</u>-doh/ah)
enclose *v.* encerrar (ehn-ceh-<u>rrahr</u>)
end *m.* fin *(feen); v.* terminar
(tehr-mee-<u>nahr</u>)
endless *(adj./adv.)* interminable
(een-tehr-mee-<u>nah</u>-bleh)
enemy *(m./f./adj.)* enemigo/a
(eh-neh-<u>mee</u>-goh/ah)
energization *v.* energicitar
(eh-nehr-gee-see-<u>tahr</u>)
energized *(m./f./adj.)* energizado/a
(eh-nehr-gee-<u>zah</u>-doh/ah)
energy *f/* energía (eh-nehr-<u>gee</u>-ah)
enforce *v.* imponer (eem-poh-<u>nehr</u>)
enforcement *f.* Impostura
(eem-pohs-<u>too</u>-rah)
engineer *m.* ingeniero/a
(een-geh-nee-<u>eh</u>-roh/ah)
engine *m.* motor (moh-<u>tohr</u>)
enlargement *m./adj.* agrandamiento
(ah-grahn-dah-mee-<u>ehn</u>-toh)
enrich *v.* enriquecer (ehn-ree-keh-<u>cehr</u>)
enter *v.* entrar (ehn-<u>trahr</u>)
environment *m./adj.* medio ambiente
(<u>meh</u>-dee-oh/ahm-bee-<u>ehn</u>-teh)
enzyme *f.* enzima (ehn-<u>zee</u>-mah)
equator *m.* ecuador (eh-coo-ah-<u>dohr</u>)
equine *m.* equino (eh-<u>kee</u>-noh)
equipment *m.* equipo (eh-<u>kee</u>-poh)
eradicate *v.* extirpar (ehx-teer-<u>pahr</u>)
erase *v.* borrar (boh-<u>rrahr</u>)
eraser *m./adj.* borrador (boh-rrah-<u>dohr</u>)
erect *m./adj.* erecto (eh-<u>rehc</u>-toh)
erosion *f.* erosión (eh-roh-see-<u>óhn</u>)
escape *v.* escapar (ehs-cah-<u>pahr</u>)
escarole *f.* escarola (ehs-cah-<u>roh</u>-lah)
establish *v.* establecer (ehs-tah-bleh-<u>cehr</u>)
establishment *m.* establecimiento
(ehs-tah-bleh-see-mee-<u>ehn</u>-toh)
estimate *v.* calcular (cahl-coo-<u>lahr</u>)
eucalyptus *m.* eucalipto
(eh-oo-cah-<u>leep</u>-toh)

evaluation *f.* evaluación
(eh-vah-loo-ah-see-<u>óhn</u>)
evaporate *v.* evaporar (eh-vah-poh-<u>rahr</u>)
evaporation *f.* evaporación
(eh-vah-poh-rah-see-<u>óhn</u>)
evidence *f.* evidencia
(eh-vee-<u>dehn</u>-see-ah)
excavate *v.* excavar (ehx-cah-<u>vahr</u>)
excavation *f.* excavación
(ehx-cah-vah-see-<u>óhn</u>)
excavator *m./f./adj.* excavador/a
(ehx-cah-vah-<u>dohr</u>/ah)
excrement *m.* excremento
(ehx-creh-<u>mehn</u>-toh)
exhaust *v.* escapar (ehs-cah-<u>pahr</u>)
exhaustion *m.* agotamiento
(ah-goh-tah-mee-<u>ehn</u>-toh)
exit *f.* salida (sah-<u>lee</u>-dah)
exit *f.* salida (sah-lee-dah); *v.* salir
(sah-<u>leer</u>)
exotic *m./f./adj.* exótico/a
(eh-<u>xóh</u>-tee-coh/ah)
expand *v.* expandir (ehx-pahn-<u>deer</u>)
expansion *f.* expansión
(ehx-pahn-see-<u>óhn</u>)
experiment *m.*experimento *m.; v.*
experimentar (ehx-peh-ree-mehn-<u>tahr</u>)
expert *m./f./adj.* experto/a
(ehx-<u>pehr</u>-toh/ah)
explode *v.* explotar (ehx-ploh-<u>tahr</u>)
explosion *f.* explosión (ehx-ploh-see-<u>óhn</u>)
exporter *m./f./adj.* exportador/a
(ehx-pohr-tah-<u>dohr</u>-ah)
export *f.* exportación
(ehx-pohr-tah-see-<u>óhn</u>)
export *v.* exportar (ehx-pohr-<u>tahr</u>)
exposed *m./f./adj.* expuesto/a
(ehx-poo-<u>ehs</u>-toh/ah)
exposure *f.* exposición
(ehx-poh-see-see-<u>óhn</u>)
extend *v.* extender (ehx-tehn-<u>dehr</u>)
extinguish *v.* extinguir (ehx-teen-<u>geer</u>)
extract *m. /adj.* Extracto (ehx-<u>trahc</u>-toh); *v.*
extraer (ehx-trah-<u>ehr</u>)

extreme m./f./adj. extremo/a
(ehx-<u>treeh</u>-moh)
eye m. ojo (<u>oh</u>-hoh)

F

fabric f. tela (<u>teh</u>-lah)
face d. cara (<u>cah</u>-rah)
faded f. decoloración
(deh-coh-loh-rah-see-<u>óhn</u>)
fainting m. desmayo (dehs-<u>mah</u>-yoh)
fall m. otoño (oh-toh-nee-oh)m.; f. caída
(cah-<u>eeh</u>-dah).; v. caer (cah-<u>ehr</u>)
false m./f./adj. falso/a (<u>phahl</u>-soh/ah)
family f. familia (phah-<u>mee</u>-lee-ah)
fan m. ventilador (vehn-tee-lah-<u>dohr</u>)
farmer (m./f./adj.) campesino/a
(cahm-peh-<u>see</u>-noh/ah)
farm f. granja (<u>grahn</u>-hah)
fastener m. cerrojo (ceh-<u>rroh</u>-hoh)
fat f. grasa (<u>grah</u>-sah)
father m. padre (<u>pah</u>-dreh)
fatigue f. fatiga (phah-<u>tee</u>-gah)
faucet f. canilla (cah-<u>nee</u>-llah)
feather f. pluma (<u>ploo</u>-mah)
feed m. alimento (ah-lee-mehn-toh); v.
alimentar (ah-lee-mehn-<u>tahr</u>)
feeder (m.f./adj.) alimentador/a
(ah-lee-mehn-tah-<u>dohr</u>/ah)
feeding f. alimentación
(ah-lee-mehn-tah-see-<u>óhn</u>)
feel v. sentir (sehn-<u>teer</u>)
feet m./pl. pies (pee-<u>ehs</u>)
female f. hembra (ehm-brah)
fence f. cerca (<u>cehr</u>-cah); v. cercar
(cehr-<u>cahr</u>)
ferment v. fermentar (pher-mehn-<u>tahr</u>)
fertile adj. fértil (<u>phér</u>-teel)
fertilize v. fertilizar (pher-tee-lee-<u>zahr</u>)
fertilizer m./adj. fertilizante
(pher-tee-lee-<u>zahn</u>-teh)
fever f. fiebre (phee-<u>eh</u>-breh)
fiberglass f. fibra de vidrio
(<u>phee</u>-brah/deh/<u>vee</u>-dree-oh)

fibrous m./f.adj. fibroso/a
(phee-<u>broh</u>-soh/ah)
field m. campo (<u>cahm</u>-poh)
fig m. higo (<u>eeh</u>-goh)
file v. archivar (ahr-chee-<u>vahr</u>)
file f. lima (<u>lee</u>-mah); v. limar (lee-<u>mahr</u>)
fill v. llenar (lleh-<u>nahr</u>)
filter m. filtro (<u>pheel</u>-troh); v. filtrar
(pheel-<u>trahr</u>)
finance v. financiar (phee-nahn-see-<u>ahr</u>)
fine (m.f./adj.) fino/a (<u>phee</u>-noh/ah)
finger m. dedo (<u>deh</u>-doh)
finish v. terminar (tehr-mee-<u>nahr</u>)
firefighter m. bombero (bohm-<u>beh</u>-roh)
fire m. fuego (phoo-<u>eh</u>-goh)
firemen m./pl. bomberos (bohm-<u>beh</u>-rohs)
fireplace f. chimenea (chee-mee-<u>neh</u>-ah)
firmness f. dureza (doo-<u>reh</u>-zah)
fisherman m. pescador (pehs-cah-<u>dohr</u>)
fish m. pescado (pehs-<u>cah</u>-doh)
fist m. puño (<u>poo</u>-nee-oh)
fit m. ajuste (ah-hoos-teh); v. acoplar
(ah-coh-<u>plahr</u>)
fittings m./pl. accesorios
(ah-xeh-<u>soh</u>-ree-ohs)
fix v. reparar (reh-pah-<u>rahr</u>)
fixtures (m./pl.) accesorios
(ah-xeh-<u>soh</u>-ree-ohs)
flag f. bandera (bahn-<u>deh</u>-rah)
flagged v. abanderar (ah-bahn-deh-rahr)
flagstone flooring m. enlozado
(ehn-loh-<u>zah</u>-doh)
flame f. llama (<u>llah</u>-mah)
flat m.f./adj. plano/a (<u>plah</u>-noh/ah)
flatten v. aplanar (ah-plah-<u>nahr</u>)
flax m. lino (<u>lee</u>-noh)
flexible adj. flexible (pleh-<u>xee</u>-bleh)
flexion f. flexión (pleh-xee-<u>óhn</u>)
flip v. voltear (vohl-teh-<u>ahr</u>)
float v. flotar (floh-<u>tahr</u>)
flood f. inundación (ee-noon-dah-see-<u>óhn</u>);
v. inundar (ee-noon-<u>dahr</u>)
floor m. piso (<u>pee</u>-soh)
flour f. harina (ah-<u>ree</u>-nah)

22

flower f. flor (flohr); v. (floh-reh-_cehr_)
flow v. fluir (floo-_eer_)
flushing m. rubor (roo-_bohr_)
fly v. volar (voh-_lahr_)
fog n. neblina (neh-_blee_-nah)
fold v. doblar (doh-_blahr_)
foot m. pie (pee-_eh_)
force f. fuerza (foo-ehr-zah); v. forzar (fohr-_zahr_)
forearm m. antebrazo (ahn-teh-_brah_-zoh)
forecast m. pronóstico (proh-_nohs_-tee-coh)
forest m. bosque (_bohs_-keh)
forget v. olvidar (ohl-vee-dahr)
fork m. tenedor (teh-nehl-_dohr_)
formula f. fórmula (_phor_-moo-lah)
fracture f. fractura (phrac-_too_-rah); v. fracturar (phrac-too-_rahr_)
fragrance f. fragancia (phrah-_gahn_-see-ah)
frame f. armazón (ahr-mah-_zóhn_)
frame m. marco (_mahr_-coh)
freeze v. congelar (cohn-geh-_lahr_)
freezer m. congelador (coh-geh-lah-_dohr_)
friend m./f./adj. amigo/a (ah-_mee_-goh/ah)
front m./adj. frente (_phrehn_-teh)
fronton m. frontón (phrohn-_tóhn_)
frozen m./f./adj. congelado/a (cohn-geh-_lah_-doh/ah)
fruit f. fruta (_froo_-tah)
fry v. freír (phreh-_eer_)
fumigant m./adj. fumigante (phoo-mee-_gahn_-teh)
fumigate v. fumigar (phoo-mee-_gahr_)
funnel m. embudo (ehm-boo-doh); v. embudar (ehm-boo-_dahr_)
furnish v. suministrar (soo-mee-nees-_trahr_)
furniture m. muebles (moo-_eh_-blehs)
fuse m. fusible (phoo-_see_-bleh)

G

galvanize v. galvanizar (gahl-vah-nee-_zahr_)
gambler m./f./adj. apostador/a (ah-pohs-tah-_dohr/ah_)
garbage f. basura (bah-_soo_-rah)

gardener m.f//adj. jardinero/a (hahr-dee-_neh_-roh)
garden m. jardín (hahr-_deen_)
garlic m. ajo (_ah_-hoh)
gas m. gas (gahs)
gasoline f. gasolina (gah-soh-_lee_-nah)
gather v. reunir (reh-oo-_neer_)
gene m. gen (hehn)
generator m./f./adj. generador/a (geh-neh-rah-_dohr/ah_)
geranium m. geranio (geh-_rah_-nee-oh)
germ (_gehr_-mehn) germen m.
germinate v. germinar (gehr-mee-_nahr_)
ginger m. jenjibre (hehn-_hee_-breh)
give v. dar (dahr)
gladioli m. gladiolo (glah-dee-_oh_-loh)
gland f./adj. glándula (_glahn_-doo-lah)
glass m. vaso (_vah_-soh)
glaze v. acristalar (ah-crees-tah-_lahr_)
glazier m./adj. vidriero (vee-dree-eh-roh)
gloves m./pl. guantes (goo-_ahn_-tehs)
glue v. pegar (peh-_gahr_)
goat f. cabra (_cah_-brah)
goggles (f./pl.) gafas (_gah_-phahs)
go v. ir (eer)
gold m. oro (_oh_-roh)
governor m./f./adj. gobernador/a (goh-behr-nah-_dohr/ah_)
grade m. grado (_grah_-doh); v. graduar (grah-doo-_ahr_)
graft m. injerto (een-hehr-toh).; injertar (een-hehr-_tahr_)
grain m. grano (_grah_-noh)
grandfather m. abuelo (ah-boo-_eh_-loh)
grandmother f. abuela (ah-boo-_eh_-lah)
granular m./f./adj. granuloso/a (grah-noo-_loh_-soh/ah)
granulate v. granular (grah-noo-_lahr_)
grapefruit f. toronja (toh-_rohn_-hah)
grapes f. uvas (_oo_-vahs)
grate v. gratinar (grah-tee-_nahr_)
gravel f. grava (_grah_-vah)
gravity f./adj. gravedad (grah-veh-_dahd_)
grease v. engrasar (ehn-grah-_sahr_)

greasing m. engrase (ehn-grah-seh)
greenhouse m. invernadero
(een-vehr-nah-deh-roh)
green m./adj. verde (vehr-deh)
grinder m./f//ad trituradora f.
grinder m/f./adj. triturador/a
(tree-too-rah-doh-rah)
grind v. moler (moh-lehr)
grip v. agarrar (ah-gah-rrahr)
groove m. encaje (ehn-cah-heh)
ground f. tierra f.
grow v. crecer (creh-cehr)
guard m. guardián (goo-ahr-dee-áhn)
guarding adj. protegiendo
(proh-teh-gee-ehn-doh)
guava f. guayaba (goo-ah-yah-bah)
guide f. guía (gee-ah)
gutter m. canal (cah-nahl)
gypsum m. yeso (yeh-soh)

H

habitat m. hábitat (áh-bee-taht)
habit m./adj. hábito (áh-bee-toh)
hail m. granizo (grah-nee-zoh); granizar (grah-nee-zahr)
hairbrush m. cepillo (ceh-pee-lloh)
hairy m./f. peludo/a (peh-loo-doh/ah)
hall m. pasillo (pah-see-lloh)
hamburger f. hamburguesa
(ahm-boor-geh-sah)
hammer m. martillo (mahr-tee-lloh); v. martillar (mahr-tee-llahr)
handle f. manija (mah-nee-hah)
handler m./f./adj. manejador/a
(mah-neh-hah-dohr/ah)
handrail m./adj. barandal (bah-rahn-dahl)
handsaw m. serrucho (seh-rroo-choh)
hang v. colgar (cohl-gahr)
hard m./f./adj. duro/a (doo-roh/ah)
hardened m./f./adj. endurecido/a
(ehn-doo-reh-see-doh/ah)
harden v. endurecer (ehn-doo-reh-cehr)

hardware f. ferretería
(pheh-rreh-teh-ree-ah)
hardware m. herraje (eh-rrah-heh)
hardwood f./adj. madera dura
(mah-deh-ra/doo-rah)
harvest f. cosecha (coh-seh-chah);
cosechar (coh-seh-chahr)
harvester (m./f./adj.) cosechador/a
(coh-seh-chah-dohr/ah)
hatch v. empollar (emh-poh-llahr)
hatchet f. hacha (ah-chah)
hauler m./adj. transportista
(trahns-pohr-tees-tah)
have v. tener (teh-nehr)
hay m. heno (eh-noh)
hazardous m./f./adj. peligroso/a
(peh-lee-groh-soh/ah)
hazard m. peligro (peh-lee-groh)
hazelnut f. avellana (ah-veh-yah-nah)
headache m./adj. dolor de cabeza
(doh-lohr/deh/cah-beh-zah)
head f. cabeza (cah-beh-zah); v. descabezar (dehs-cah-beh-zahr)
healer (m./f./adj.) curandero/a
(coo-rahn-deh-roh/ah)
health f. salud (sah-lood)
healthy f. saludable (sah-loo-dah-bleh)
hearing f. audiencia
(ah-oo-dee-ehn-see-ah)
hear v. oír (oh-eer)
heart m. corazón (coh-rah-zóhn)
hearth (m.) hogar (oh-gahr)
heat f. calefacción (cah-leh-pahc-xee-óhn);
v. calentar (cah-lehn-tahr)
heater m. calentador (cah-lehn-tah-dohr)
heavy m./f./adj. pesado/a (peh-sah-doh/ah)
hectare f. hectárea (ehc-táh-reh-ah)
hedge f. cobertura (coh-behr-too-rah)
height f. altura (ahl-too-rah)
help v. ayudar (ah-yoo-dahr)
helper m./adj. ayudante (ah-yoo-dahn-teh)
hemp m. cáñamo (cáh-ñah-moh)
herbicide m./f. herbicida (ehr-bee-see-dah)
herd f. manada (mah-nah-dah)

24

heredity *f.* herencia *(eh-rehn-see-ah)*
hernia *f.* hernia *(ehr-nee-ah)*
hibernate *v.* hibernar *(ee-behr-nahr)*
high *m./f./adj.* alto/a *(ahl-toh/ah)*
hinge *f.* bisagra *(bee-sah-grah)*
hire *v.* emplear *(ehm-pleh-ahr)*
hissing *m.* silbido *(seel-bee-do)*
hitch *m.* enganche *(ehn-gahn-cheh)*; *v.* enganchar *(ehn-gahn-chahr)*
hoarseness *f.* ronquera *(rohn-keh-rah)*
hoe *m.* azadón *(ah-zah-dohn)*; *v.* cavar *(cah-vahr)*
hoer *m./f./adj.* arador/a *(ah-rah-dohr/ah)*
hog *m.* cerdo *(cehr-doh)*
hoist *v.* alzar *(ahl-zahr)*
hold *v.* sostener *(sohs-teh-nehr)*
hole *m.* agujero *(ah-goo-heh-roh)*
holiday *(f./pl)* vacaciones *(vah-cah-see-oh-nehs)*
hollow *m.* hueco *(oo-eh-coh)*; *v.* ahuecar *(ah-oo-eh-cahr)*
honey *f.* miel *(mee-ehl)*
hood *f.* capucha *(cah-poo-chah)*
hook *m.* gancho *(gahn-choh)*; *v.* enganchar *(ehn-gahn-chahr)*
horizontal *adv.* horizontal *(oh-ree-zohn-tal)*
horse *m.* caballo *(cah-bah-lloh)*
hose *f.* manguera *(mahn-geh-rah)*
hot *adj.* caliente *(cah-lee-ehn-teh)*
hotdog *f.* salchicha *(sahl-chee-chah)*
hour *f.* hora *(oh-rah)*
house *f.* casa *(cah-sah)*
housing *f.* vivienda *(vee-vee-ehn-dah)*
hull *f.* cáscara *(cahs-cah-rah)*
humid *adj.* húmedo *(oo-meh-doh)*
humidifier *(m.f./adj.)* humidificador *(oo-mee-fee-cah-dohr)*
humidify *v.* humedecer *(oo-meh-deh-cehr)*
hunt *v.* cazar *(cah-zahr)*
hunter *(m./f./adj.)* cazador/a *(cah-zah-dohr/ah)*
husband *m./adj.* esposo *(ehs-poh-soh)*
husk *f.* cáscara *(cahs-cah-rah)*
hydrate *adj.* hidratar *(ee-drah-tahr)*
hydraulic *adj.* hidráulico/a *(ee-drah-oo-lee-coh)*
hydrogen *m.* hidrógeno *(ee-dróh-heh-noh)*
hygiene *f.* higiene *(ee-gee-eh-neh)*
hygienic *m.f./adj.* higiénico/a *(ee-gee-éh-nee-coh)*
hypertension *f.* hipertensión *(ee-pehr-teh-see-óhn)*

I

ice *m.* hielo *(ee-eh-loh)*
ignition *m./f./adj.* encendido/a *(ehn-cehn-dee-doh)*
illuminate *v.* iluminar *(ee-loo-mee-nahr)*
immature *m./f./adj.* inmaduro/a *(een-mah-doo-roh/ah)*
immersed *m./f./adj.* inmerso/a *(een-mehr-soh/ah)*
imminent *adj.* Inminente *(een-mee-nehn-teh)*
immune *adj.* Inmune *(een-moo-neh)*
immunity *f.* inmunidad *(een-moo-nee-dahd)*
impact *m.* impacto *(eem-pahc-toh)*; *v.* impactar *(eem-pahc-tahr)*
impermeable *m.* impermeable *(eem-pehr-meh-ah-bleh)*
implant *v.* implantar *(eem-plahn-tahr)*
importer *m./f./adj.* importador/a *(eem-pohr-tah-dohr/ah)*
import *f.* importación *(eem-pohr-tah-see-óhn)*; *v.* importar *(eem-pohr-tahr)*
improve *v.* mejorar *(meh-hoh-rahr)*
impurity *f.* impureza *(eem-poo-reh-zah)*
inclination *f.* inclinación *(een-clee-nah-see-óhn)*
income *m.* ingreso *(een-greh-soh)*
incontinence *f.* incontinencia *(een-cohn-tee-nehn-see-ah)*
increase *m.* incremento *(een-creh-mehn-toh)*; *v.* incrementar *(een-creh-mehn-tahr)*

incubation *f.* Incubación *(een-coo-bah-see-óhn)*
incubator *f.* incubadora *(een-coo-bah-doh-rah)*
independent *adj.* Independiente *(een-deh-pehn-dee-ehn-teh)*
index *m.* indice *(een-dee-ceh)*
indigestion *f.* indigestión *(een-dee-gehs-tee-óhn)*
industrial *adj.* Industrial *(een-doos-tree-ahl)*
industrialize *v.* industrializar *(een-doos-trah-lee-zee-ahr)*
inedible *adj.* incomible *(een-coh-mee-bleh)*
infect *v.* infectar *(een-phec-tahr)*
infection *f.* infección *(een-phec-xee-óhn)*
infectious *adj.* infeccioso/a *(een-phec-xee-oh-soh/ah)*
inferior *adj.* Inferior *(een-pheh-ree-ohr)*
infertile *adj.* estéril *(ehs-téh-reel)*
infestation *f.* infestación *(een-phes-tah-see-óhn)*
infest *v.* infestar *(een-phes-tahr)*
inflame *v.* inflamar *(een-plah-mahr)*
inflammation *f.* inflamación *(een-plah-mah-see-óhn)*
influence *f.* influencia *(een-ploo-ehn-see-ah)*
information *f.* información *(een-phor-mah-see-óhn)*
ingredient *m.* ingrediente *(een-greh-dee-ehn-teh)*
inhalation *f.* Inhalación *(een-nah-lah-see-óhn)*
inject *v.* inyectar *(een-shehc-tahr)*
injection *f.* inyección *(een-shehc-xee-óhn)*
Injector *m.* inyector *(een-shehc-tohr)*
injury *f.* lesión *(leh-see-óhn)*
insecticide *m./adj.* insecticida *(een-sehc-tee-see-dah)*
insect *m.* insecto *(een-sehc-toh)*
insensibility *f.* insensibilidad *(een-sehn-see-bee-lee-dahd)*
insert *v.* insertar *(een-sehr-tahr)*

insert *v.* insertar *(een-sehr-tahr)*
insertion *f.* inserción *(een-sehr-xee-óhn)*
insomnia *m.* insomnio *(een-sohm-nee-oh)*
inspect *v.* inspeccionar *(eens-pehc-xee-oh-nahr)*
inspector *m.f./adj.* inspector/a *(eens-pehc-tohr/ah)*
install *v.* instalar *(eens-tah-lahr)*
instruction *f.* instrucción *(eens-troo-xee-óhn)*
instructor *m.f./adj.* instructor/a *(eens-trooc-tohr/ah)*
insulate *v.* aislar *(ah-ees-lahr)*
insulator *m./adj.* aislante *(ah-ees-lahn-teh)*
intense *m.f./adj.* intenso/a *(een-tehn-soh/ah)*
intensity *f./adj.* Intensidad *(een-tehn-see-dahd)*
interval *m.* intervalo *(een-tehr-vah-loh)*
interview *f.* entrevista *(ehn-treh-vees-tah)*; *v.* entrevistar *(ehn-treh-vees-tahr)*
Invade *v.* invadir *(een-vah-deer)*
invasion *f.* Invasión *(een-vah-see-óhn)*
invertebrate *m./adj.* invertebrado *(een-vehr-teh-brah-doh)*
invest *v.* invertir *(een-vehr-teer)*
iodine *m.* yodo *(yoh-doh)*
iron *m.* hierro *(ee-eh-rroh)*
ironworker *m./adj.* herrero *(eh-rreh-roh)*
irradiate *v.* irradiar *(ee-rrah-dee-ahr)*
irregular *v.* irregular *(ee-rreh-goo-lahr)*
irrigate *v.* irrigar *(ee-rree-gahr)*
rrigation *m.* riego *(ree-eh-goh)*
isolate *v.* aislar *(ah-ees-lahr)*

J

jacket *f.* chaqueta *(chah-keh-tah)*
jackknife *f.* navaja *(nah-vah-hah)*
jar *m.* frasco *(frahs-coh)*
jaw *f.* mandíbula *(mahn-dee-boo-lah)*
jester *m.* bromista *(broh-mees-tah)*
jewelry *f.* joyería *(hoh-yeh-ree-ah)*
job *m.* trabajo *(trah-bah-hoh)*

jockey *m.* jinete *(he-neh-teh)*
jog *m.* empujón *(ehm-poo-hón)*
joiner *m.* ebanista *(eh-bah-nees-tah)*
joint *f.* junta *(hoon-tah)*
join *v.* unir *(oo-neer)*
joker *m.* bromista *(broh-mees-tah)*
jolt *f.* sacudida *(sah-coo-dee-dah)*
journal *m.* diario *(dee-ah-ree-oh)*
judge *m./f./adj.* juez/a *(hoo-ehz/ah); v.* juzgar *(hooz-gahr)*
judgment *f.* condena *(cohn-deh-nah)*
juggler *m.* malabarista *(mah-lah-bah-rees-tah)*
juice *m.* jugo *(hoo-goh)*
juicy *m.* jugoso *(hoo-goh-soh)*
jump *v.* saltar *(sahl-tahr)*
jungle *f.* selva *(sehl-vah)*
juror *m.* jurado *(hoo-rah-doh)*

K

key *f.* llave *(llah-veh)*
keystone *f.* piedra clave *(pee-eh-drah/clah-veh)*
kicker *m./f./adj.* pateador/a *(pah-teh-ah-dohr/ah)*
kick *f.* patada *(pah-tah-dah).; v.* patear *(pah-teh-ahr)*
kidney *m.* riñón *(ree-nee-óhn)*
killer *m.* asesino/a *(ah-seh-see-noh/ah)*
kilo *m.* kilo *(kee-loh)*
kilowatt *m.* kilovatio *(kee-loh-vah-tee-oh)*
kin *m./pl.* parientes *(pah-ree-ehn-tehs)*
kitchen *f.* cocina *(coh-see-nah)*
kit *m.* equipo *(eh-kee-poh)*
kneeling *m./f./adj.* arrodillado/a *(ah-rroh-dee-llah-doh/ah)*
knee *f.* rodilla *(roh-dee-llah)*
knife *m.* cuchillo *(coo-chee-yoh); v.* acuchillar *(ah-coo-chee-llahr)*
knit *v.* tejer *(teh-hehr)*
knob *f.* perilla *(peh-ree-llah)*
knock *m.* golpe *(gohl-peh); v.* golpear *(gohl-peh-ahr)*

knot *m.* nudo *(noo-doh); v.* anudar *(ah-noo-dahr)*
know *v.* saber *(sah-behr)*
knuckle *m.* nudillo *(noo-dee-lloh)*

L

label *f.* etiqueta *(eh-tee-keh-tah)*
labeling *m./f./adj.* etiquetado/a *(eh-tee-keh-tah-doh/ah)*
laborer *m./f./adj.* trabajador/a *(trah-bah-hah-dohr/ah)*
labor *m.* labor *(lah-bohr)*
lack *f.* falta *(phahl-tah)*
lactation *f.* lactación *(lahc-tah-see-óhn)*
ladder *f./adj.* escalera de mano *(ehs-cah-leh-rah/deh/mah-noh)*
ladle *m.* cucharón *(coo-chah-róhn)*
lake *m.* lago *(lah-goh)*
lamb *m.* cordero *(cohr-deh-roh)*
laminated *m./f./adj.* laminado/a *(lah-mee-nah-doh/ah)*
laminate *f.* lámina *(láh-mee-na); v.* laminar *(lah-mee-nar)*
lamp *f.* lámpara *(láhm-pah-rah)*
landholder *m.* terrateniente *(teh-rrah-teh-nee-ehn-teh)*
landlord *m./f./adj.* propietario/a *(m.f./adj.)*
landowner *m./f./adj.* terrateniente *(teh-rrah-teh-nee-ehn-teh)*
landscaper *m./f./adj.* diseñador/a de jardín *(dee-seh-nee-ah-dohr/deh/hahr-deen)*
landslide *m.* derrumbe *(deh-room-beh)*
land *f.* tierra *(tee-eh-rrah)*
lard *m.* manteca *(mahn-teh-cah)*
laser *m.* láser *(láh-sehr)*
latch *m.* cerrojo *(ceh-rroh-hoh)*
laugh *v.* reír *(reh-eer)*
launcher lanzador/a *(m.f./adj.)*
launderer *m./f./adj.* lavandero/a *(lah-vahn-deh-roh/ah)*
laundry *f.* lavandería *(lah-vahn-deh-ree-ah)*
lavatory *m.* inodoro *(ee-noh-doh-roh)*
law *f.* ley *(leh-ee)*

lawnmower *f.* podadora *(poh-dah-doh-rah)*
lawyer abogado/a *(ah-boh-gah-doh/ah)*
layer *f.* capa *(cah-pah)*; *v.* laminar *(lah-mee-nahr)*
leader *m.* líder *(lee-der)*
lead *m.* plomo *(ploh-moh)*
leaf *f.* hoja *(oh-hah)*
leak *f.* fuga *(foo-gah)*
lean *v.* apoyar *(ah-poh-yahr)*
leaning *m./f./adj.* inclinando/a *(een-clee-nah-doh/ah)*
learn *v.* aprender *(ah-prehn-dehr)*
leaseholder *m./f./adj.* arrendatario/a *(ah-rrehn-dah-tah-ree-oh/ah)*
leather *m.* cuero *(coo-eh-roh)*
leave *v.* ir *(eer)*
lecturer *m./f./adj.* conferencista *(cohn-pheh-rehn-sees-tah)*
leek *m.* poro *(poh-roh)*
leggings *f./pl.* polainas *(poh-lah-ee-nahs)*
legislator *m./f./adj.* legislador/a *(leh-gees-lah-dohr/ah)*
lemon *m.* limón *(lee-móhn)*
lender *m./f./adj.* prestamista *(prehs-tah-mees-tah)*
length *m./f./adj.* largo/a *(lahr-goh/ah)*
lentil *f.* lenteja *(lehn-teh-hah)*
lesion *f.* lesión *(leh-see-óhn)*
lessee *m./f./adj.* inquilino/a *(een-kee-lee-noh/ah)*
lethargy *m.* letargo *(leh-tahr-goh)*
lettuce *f.* lechuga *(leh-choo-gah)*
leukemia *f.* leucemia *(leh-oo-seh-mee-ah)*
leveler *m./f./adj.* nivelador/a *(nee-veh-lah-dohr/ah)*
level *m.* nivel *(nee-vehl)*; *v.* nivelar *(nee-veh-lahr)*
lever *f.* palanca *(pah-lahn-cah)*
liar *m./f./adj.* mentiroso/a *(mehn-tee-roh-soh/ah)*
lick *v.* lamber *(lahm-behr)*
lid *f.* tapa *(tah-pah)*
lifesaver *m./adj.* salvavidas *(sahl-vah-vee-dahs)*

lift *v.* elevar *(eh-leh-vahr)*
ligament *m.* ligamento *(lee-gah-mehn-toh)*
light *f.* luz *f.*; *m./f./adj.* liviana/o *(lee-vee-ah-noh)*
lily *f.* azucena *(ah-zoo-ceh-nah)*
lime *f.* lima *(lee-mah)*
limping *f.* cojera *(coh-heh-rah)*
linguist *m./f./adj.* lingüista *(leen-goo-ees-tah)*
lining *m.* forro *(foh-rroh)*
link *m.* eslabón *(ehs-lah-bóhn)*
linseed *f.* linaza *(lee-nah-zah)*
lip *m.* labio *(lah-bee-oh)*
liquid *m.* líquido *(lee-kee-doh)*
liquor *m.* licor *(lee-cohr)*
listen *v.* escuchar *(ehs-coo-chahr)*
listlessness *f.* apatía *(ah-pah-tee-ah)*
liter *m.* litro *(lee-troh)*
litter *f.* basura *(bah-soo-rah)*
live *v.* vivir *(vee-veer)*
load *f.* carga *(cahr-gah)*
loader *m./f./adj.* cargador/a *(cahr-gah-dohr/ah)*
loan *m.* préstamo *(préhs-tah-moh; v.* prestar *(prehs-tahr)*
lock *f.* cerradura *(ceh-rrah-doo-rah)*; *v.* cerrar *(ceh-rrahr)*
lockout *m.* cierre *(see-eh-rreh)*
locksmith *m./f./adj.* cerrajero/a *(ceh-rrah-heh-roh/ah)*
lodger *m./f./adj.* huésped *(oo-ehs-pehd)*
logger *m./f./adj.* leñador/a *(leh-nee-ah-dohr/ah)*
loiterer *m./f./adj.* ocioso/a *(oh-see-oh-soh/ah)*
long *m./f./adj.* largo/a *(lahr-goh/ah)*
lookout *m.* centinela *(cehn-tee-neh-lah)*
loose *m./f./adj.* suelto/a *(soo-ehl-toh/ah)*
lop *v.* podar *(poh-dahr)*
lose *v.* perder *(pehr-dehr)*
loser *m./f./adj.* perdedor/a *(pehr-deh-dohr/ah)*
loss *f.* pérdida *(péhr-dee-dah)*
love *m.* amor *(ah-mohr)*

28

low *m./f./adj.* bajo/a *(bah-hoh/ah)*
lower *v.* bajar *(bah-hahr)*
lug *v.* arrastrar *(ah-rrahs-trahr)*
lumberer *m./f./adj.* leñador/a
(leh-nee-ah-dohr/ah)
lumber *f.* madera *(mah-deh-rah)*
luminosity *f.* luminosidad
(loo-mee-noh-see-dahd)

M

machine *f.* máquina *(mah-kee-nah)*
machinist *m./f./adj.* maquinista
(mah-kee-nees-tah)
madam *f.* señora *(seh-nee-oh-rah)*
maggot *f.* oruga *(oh-roo-gah)*
magician *m./f.adj.* mago/a *(mah-goh/ah)*
magnesia *f.* magnesia *(mahg-neh-see-ah)*
magnet *m.* imán *(ee-máhn)*
magneto *m.* magneto *(mahg-neh-toh)*
main *adj.* principal *(preen-see-pahl)*
maintenance *m.* mantenimiento
(mahn-teh-nee-mee-ehn-toh)
make *v.* hacer *(ah-cehr)*
male *m.* macho *(mah-choh)*
malignant *adj.* maligno *(mah-leeg-noh)*
manager *m.* gerente *(geh-rehn-teh)*
mandarin *f.* mandarina
(manh-dah-ree-nah)
mandatory *m./f.adj.* obligatorio/a
(oh-blee-gah-toh-ree-oh)
mango *m.* mango *(mahn-goh)*
manhole *f.* alcantarilla
(ahl-cahn-tah-ree-llah)
man *m.* hombre *(ohm-breh)*
manicurist *m./f.adj.* manicurista
(mah-nee-coo-rees-tah)
manipulator *m./f.adj.* manipulador/a
(mah-nee-poo-lah-dohr/ah)
manually *adj.* manualmente
(mah-noo-ahl-mehn-teh)
manufacturer *m./f.adj.* fabricante
(phah-bree-cahn-teh)
map *m.* mapa *(mah-pah)*

marble *m.* mármol *(máhr-mohl)*
marjoram *f.* mejorana *(meh-hoh-rah-nah)*
marker *adj.* marcador *(mahr-cah-dohr)*
marketeer *m./f.adj.* comerciante
(coh-mehr-see-ahn-teh)
market *m.* mercado *(mehr-cah-doh)*
mark *v.* marcar *(mahr-cahr)*
mason *m.* albañil *(ahl-bah-neel)*
massage *m.* masaje *(mah-sah-heh)*; *v.*
masajear *(mah-sah-heh-ahr)*
master *m./f./adj.* maestro/a
(mah-ehs-troh/ah)
material *m.* material *(mah-teh-ree-ahl)*
mathematician *m./f./adj.* matemático/a
(mah-teh-máh-tee-coh/ah)
mat *m.* tapete *(tah-peh-teh)*
mature *v.* madurar *(mah-doo-rahr)*
maximum *m./f./adj.* máximo/a
(máh-xee-moh/ah)
measure *m.* medir *(meh-deer)*
measurer *m./f./adj.* medidor/a
(meh-dee-dohr/ah)
mechanic *m.* mecánico/a
(meh-cah-nee-coh/ah)
mechanized *adj.* mecanizado/a
(meh-cah-nee-zah-doh/ah)
meddler *m./f./adj.* entrometido/a
(ehn-troh-meh-tee-doh/ah)
mediator *m./f./adj.* mediador/a
(meh-dee-ah-dohr/ah)
medic *m./f./adj.* médico *(méh-dee-coh)*
medium *m./f./adj.* mediano/a
(meh-dee-ah-noh/ah)
medium *m./f./adj.* medio *(meh-dee-oh)*
meet *v.* reunir *(reh-oo-neer)*
melon *m.* melón *(meh-lóhn)*
melt *v.* derritir *(deh-rreh-teer)*
member *m./f./adj.* miembro/a
(mee-ehm-broh/ah)
mentor *m./f./adj.* mentor *(mehn-tohr)*
mercantilist *m./f./adj.* mercantilista
(mehr-cahn-tee-lees-tah)
merchant *m./f./adj.* comerciante
(coh-mehr-see-ahn-teh)

29

mercury m. mercurio (mehr-coo-ree-oh)
mesh f. malla (mah-llah)
metallic m./f./adj. metálico/a
(meh-tah-lee-coh/ah)
metallurgist m./f./adj. metalúrgico/a
(meh-tah-loor-gee-coh/ah)
metal m./adj. metal (meh-tahl)
meter m./f./adj. medidor/a
(meh-dee-dohr/ah)
microwave m. microonda
(mee-croh-ohn-dah)
middleman m./f./adj. intermediario/a
(een-tehr-mee-dee-ah-ree-oh/ah)
migrant m./f./adj. migratorio/a
(mee-grah-toh-ree-oh/ah)
militant m./f./adj. militante
(mee-lee-tahn-teh)
milk f. leche (leh-cheh); v. ordeñar
(ohr-deh-nee-ahr)
mince v. picar (pee-cahr)
mine f. mina (mee-nah); v. minar
(mee-nahr)
mineral m./adj. mineral (mee-neh-rahl)
mineralogist m./f./adj. mineralogista
(mee-neh-rah-loh-gees-tah)
miner m./f./adj. minero/a (mee-neh-roh/ah)
minimum m./f./adj. mínimo/a
(mee-nee-moh/ah)
minister m./f./adj. ministro/a
(mee-nees-troh/ah)
mink m. visón (vee-sóhn)
mint f. menta (mehn-tah)
mirror m. espejo (ehs-peh-hoh)
mist f. neblina (neh-blee-nah)
mix v. mezclar (mehz-clahr)
moisten v. humectar (oo-mehc-tahr)
moist m./f./adj. húmedo/a (oo-meh-doh/ah)
mold v. amoldar (ah-mohl-dahr)
molding f. moldura (mohl-doo-rah)
mole m. topo (toh-poh)
monument m. monumento
(moh-noo-mehn-toh)
mop m. trapeador (trah-pah-deh-ohr); v. trapear (trah-peh-ahr)

mother f. madre (mah-dreh)
moth f. polilla (poh-lee-llah)
motorcycle f. motocicleta
(moh-toh-see-cleh-tah)
motor m. motor (moh-tohr)
mounting m. montaje (mohn-tah-heh)
mount v. montar (mohn-tahr)
mouse m. ratón (rah-tóhn)
moving adj. móvil (móh-veel)
muddy m./f./adj. lodoso/a (loh-doh-soh/ah)
mud m. lodo (loh-doh)
multiple m./adj. múltiple (mool-tee-pleh)
multiply v. multiplicar (mool-tee-plee-cahr)
muscles m. músculos (moos-coo-lohs)
mushroom m. hongo (ohn-goh)
musician m./f./adj. músico (moo-see-coh)
mustard f. mostaza (mohs-tah-zah)
mutant m./f./adj. mutante (moo-tahn-teh)
mutation f. mutación (moo-tah-see-óhn)

N

nail m. clavo (clah-voh); v. clavar
(clah-vahr)
napkin f. servilleta (sehr-vee-lleh-tah)
narcotic m. narcótico (nahr-coh-tee-coh)
narrate v. narrar (nah-rrahr)
nasal adj. nasal (nah-sahl)
nature f. naturaleza (nah-too-rah-leh-zah)
nausea f. náusea (náh-oo-seh-ah)
nectarine m. nectarin (nehc-tah-reen)
nectar m. néctar (néhc-tahr)
neglect v. descuidar (dehs-coo-ee-dahr)
nerve m. nervio (nehr-vee-oh)
neutralize v. neutralizar
(neh-oo-trah-lee-zahr)
neutral adj. neutral (neh-oo-trahl)
nicotine f. nicotina (nee-coh-tee-nah)
night f. noche (noh-cheh)
nippers f.pl. tenazas (teh-nah-zahs)
nipple m. pezón (peh-zóhn)
nitrate m. nitrato (nee-trah-toh)
node m. nudo (noo-doh)

30

noise *m.* ruido *(roo-ee-doh)*
noodle *f.* pasta *(pahs-tah)*
notify *v.* notificar *(noh-tee-phee-cahr)*
nozzle *f.* boquilla *(boh-kee-llah)*
nucleus *m.* núcleo *(noo-cleh-oh)*
numbness *m.* entumecimiento *(ehn-too-meh-see-mee-ehn-toh)*
nurse *m./f./adj.* enfermero/a *(ehn-pher-meh-roh/ah); v.* cuidar *(coo-ee-dahr)*
nursery *f.* guardería *(goo-ahr-deh-ree-ah)*
nut *f.* nuez *(noo-ehz)*
nutrient *m./f./adj.* nutritivo/a *(noo-tree-tee-voh/ah)*
nutritious *m./f./adj.* nutritivo/a *(noo-tree-tee-voh/ah)*

O

oatmeal *f.* avena *(ah-veh-nah)*
oats *f.* avena *(ah-veh-nah)*
obese *m./f./adj.* obeso/a *(oh-beh-soh/ah)*
obstruction *f.* obstrucción *(ohbs-troo-xee-óhn)*
obtain *v.* obtener *(ohb-teh-nehr)*
offense *f.* ofensa *(oh-phen-sah)*
officer *n./adj.* oficial *(oh-phee-see-ahl)*
oil *m.* aceite *(ah-seh-ee-teh); v.* aceitar *(ah-ceh-ee-tahr)*
olive *f.* aceituna *(ah-ceh-ee-too-nah)*
onion *f.* cebolla *(ceh-boh-llah)*
on *m./f./adj.* prendido/a *(prehn-dee-doh/ah)*
open *m./f./adj.* abierto/a *(ah-bee-ehr-toh); v.* abrir *(ah-breer)*
operate *v.* operar *(oh-peh-rahr)*
operation *f.* operación *(oh-peh-rah-see-óhn)*
operator *m./f./adj.* operador/a *(oh-peh-rah-dohr/ah)*
orange *f.* naranja *(nah-rahn-hah)*
orchard *f.* huerta *(oo-ehr-tah)*
order *v.* ordenar *(ohr-deh-nahr)*
oregano *m.* orégano *(oh-reh-gah-noh)*

organic *m./f./adj.* orgánico/a *(ohr-gah-nee-coh/ah)*
organ *m.* órgano *(óhr-gah-noh)*
orient *m.* oriente *(oh-ree-ehn-teh); v.* orientar *(oh-ree-ehn-tahr)*
origin *m.* origen *(oh-ree-gehn)*
ornament *m.* adorno *(ah-dohr-noh)*
ornamental *adj.* ornamental *(ohr-nah-mehn-tahl)*
ounce *f.* onza *(ohn-zah)*
outlet *m.* enchufe *(ehn-choo-pheh)*
oval *m./f./adj.* ovalado/a *(oh-vah-lah-doh/ah)*
oven *m.* horno *(ohr-noh)*
overfeed *m./f./adj.* sobrealimentar *(soh-breh-ah-lee-mehn-tahr)*
overfill *v.* sobrellenar *(soh-breh-lleh-nahr)*
ovule *m.* óvulo *(óh-voo-loh)*
owner *(m./f./adj.)* dueño/a *(doo-eh-nee-oh/ah)*
oxygen *m.* oxígeno *(oh-xee-geh-noh)*
ozone *m.* ozono *(oh-zoh-noh)*

P

pack *v.* empacar *(ehm-pah-cahr)*
packer *m./f./adj.* empacador/a *(ehm-pah-cah-dohr/ah)*
packing *m.* embalaje *(ehm-bah-lah-heh)*
padded *m./f./adj.* acolchonado/a *(ah-cohl-choh-nah-doh/ah)*
padlock *m.* candado *(cahn-dah-doh)*
pail *f.* cubeta *(coo-beh-tah)*
pain *m.* dolor *(doh-lohr)*
painful *m./f./adj.* doloroso/a *(doh-loh-roh-soh/ah)*
painter *m./f./adj.* pintor/a *(peen-tohr/ah)*
paint *f.* pintura *(peen-too-rah); v.* pintar *(peen-tahr)*
palace *m.* palacio *(pah-lah-see-oh)*
paleness *f.* palidez *(pah-lee-dehz)*
pallet *f.* paleta *(pah-leh-tah)*
pallor *f.* palidez *(pah-lee-dehz)*
palm *f.* palma *(pahl-mah)*

panel *m.* panel *(pah-nehl)*
pane *m.* vidrio *(vee-dree-oh)*
pantry *f.* despensa *(dehs-pehn-sah)*
pants *m.* pantalones *(pahn-tah-loh-nehs)*
papaya *f.* papaya *(pah-pah-yah)*
paragraph *m.* párrafo *(páh-rrah-phoh)*
paralysis *m.* parálisis *(pah-ráh-lee-sees)*
paralyze *v.* paralizar *(pah-rah-lee-zahr)*
paramedics *m./f./adj.* paramédicos *(pah-rah-méh-dee-cohs)*
parasite *m.* parásito *(pah-ráh-see-toh)*
park *m.* parque *(pahr-keh)*
parquet *m./adj.* entarimado *(ehn-tah-ree-mah-doh)*
parsley *m.* perejil *(peh-reh-heel)*
participate *v.* participar *(pahr-tee-see-pahr)*
partner *m./f./adj.* socio/a *(soh-see-oh/ah)*
paste *f.* pasta *(pahs-tah).*; *v.* pegar *(peh-gahr)*
pasteurize *v.* pasteurizar *(pahs-teh-oo-ree-zahr)*
pastry *m.* pastel *(pahs-tehl)*
pasture *m.* pastizal *(pahs-tee-zahl)*; *v.* pastar *(pahs-tahr)*
patch *m.* parche *(pahr-chahr)*; *v.* emparchar *(ehm-pahr-chahr)*
patent *f.* patente *(pah-tehn-teh)*; *v.* patentar *(pah-tehn-tahr)*
path *m.* camino *(cah-mee-noh)*
pathogen *m.* patógeno *(pah-tóh-geh-noh)*
pay *m.* pago *(pah-goh)*
peach *m.* durazno *(doo-rahz-noh)*
peanut *m.* maní *(mah-nee)*
pear *f.* pera *(peh-rah)*
pedal *m.* pedal *(peh-dahl)*
peeler *m./f./adj.* pelador/a *(peh-lah-dohr/ah)*
peel *f.* piel *(pee-ehl)*; *v.* pelar *(peh-lahr)*
pellet *f.* bolita *(boh-lee-tah)*
penalize *v.* multar *(mool-tahr)*
penalty *f.* multa *(mool-tah)*
pencil *m.* lápiz *(lah-peez)*
penknife *f.* navaja *(nah-vah-hah)*
pen *f.* pluma *(ploo-mah)*

pepper *m.* morrón *(moh-rróhn)*
pepper *f.* pimienta *(pee-mee-ehn-tah)*
perforated *m./f./adj.* perforado/a *(pehr-phoh-rah-doh/ah)*
perforate *v.* perforar *(pehr-phoh-rahr)*
period *m.* período *(peh-ree-oh-doh)*
periodicity *f.* periodicidad *(peh-ree-oh-dee-see-dahd)*
permanent *adv.* permanente *(pehr-mah-nehn-teh)*
persistence *f.* persistencia *(pehr-sees-tehn-see-ah)*
personnel *m.* personal *(pehr-soh-nahl)*
person *f.* persona *(pehr-soh-nah)*
pesticide *m.* pesticida *(pehs-tee-see-dah)*
pest *f.* plaga *(plah-gah)*
petal *m.* pétalo *(peh-tah-loh)*
petunia *f.* petunia *(peh-too-nee-ah)*
pharmacist *m./f./adj.* farmacéutico/a *(phar-mah-céh-oo-tee-coh/ah)*
photographer *m./f./adj.* fotógrafo/a *(phoh-toh-grah-phoh/ah)*
photograph *v.* fotografiar *(phoh-toh-grah-phee-ahr)*
picker *m./f./adj.* cosechador/a *(coh-seh-chah-dohr/ah)*
pick *m.* pico *(pee-coh)*; *v.* escoger *(ehs-coh-gehr)*
pierce *v.* agujerar *(ah-goo-heh-reh-ahr)*
pier *m.* estribo *(ehs-tree-boh)*
pilot *m.* piloto *(pee-loh-toh)*
pincers *f./pl.* tenazas *(teh-nah-zahs)*
pinch *v.* pellizcar *(peh-lleez-cahr)*
pineapple *f.* piña *(pee-nee-ah)*
pine *m.* pino *(pee-noh)*
pipe *m.* tubo *(too-boh)*
pit *f.* fosa *(phoh-sah)*
place *m.* lugar *(loo-gahr)*; *v.* poner *(poh-nehr)*
plague *f.* plaga *(plah-gah)*
plank *f.* tabla *(tah-blah)*
plan *v.* planificar *(plah-nee-phee-cahr)*
plan *m.* plano *(plah-noh)*
plantain *m.* plátano *(pláh-tah-noh)*

32

planter *f.* sembradora *(sehm-brah-doh-rah)*
plant *f.* planta *(plahn-tah)*; *v.* plantar *(plahn-tahr)*
plasma *f.* plasma *(plahs-mah)*
plasterer *m./f./adj.* yesero/a *(yeh-seh-roh/ah)*
plastering *m./f./adj.* enyesado/a *(ehn-yeh-sah-doh/ah)*
plaster *m.* yeso *(yeh-soh)*
plastic *m./f./adj.* plástico/a *(pláhs-tee-coh/ah)*
plate *m.* plato *(plah-toh)*
platform *f.* plataforma *(plah-tah-phor-mah)*
platinum *m.* platino *(plah-tee-noh)*
player *m./f./adj.* jugador/a *(hoo-gah-dohr/ah)*
play *v.* jugar *(hoo-gahr)*
pliers *f.* pinzas *(peen-zahs)*
plot *m.* lote *(loh-teh)*
plough *m.* arado *(ah-rah-doh)* *v.* arar *(ah-rahr)*
plow *m.* arado *(ah-rah-doh)*; *v.* arar *(ah-rahr)*
pluck *v.* tirar *(tee-rahr)*
plug *m.* enchufe *(ehn-choo-pheh)*
plumber *m.* plomero *(ploh-meh-roh)*
plum *f.* ciruela *(see-roo-eh-lah)*
poet *m./f./adj.* poeta *(poh-eh-tah)*
poison *n.* veneno *(veh-neh-noh)*
pole *m.* palo *(pah-loh)*
police *m./f./adj.* policía *(poh-lee-see-ah)*
polish *v.* pulir *(poo-leer)*
pond *m.* charco *(chahr-coh)*
popcorn *f./pl.* palomitas de maíz *(pah-loh-mee-tahs/deh/mah-eez)*
pore *m.* poro *(poh-roh)*
pork *m.* puerco *(poo-ehr-coh)*
positive *m./f./adj.* positivo/a *(poh-see-tee-voh/ah)*
post *m.* poster *(pohs-tehr)*; *v.* fijar *(phee-hahr)*
potassium *m.* potasio *(poh-tah-see-oh)*
potatoes *f./pl.* papas *(pah-pahs)*
potato *f.* papa *(pah-pah)*

pot *f.* olla *(oh-llah)*
potter *m./f./adj.* alfarero/a *(ahl-phah-reh-roh/ah)*
pound *f.* libra *(lee-brah)*; *v.* golpear *(gohl-peh-ahr)*
pour *v.* verter *(vehr-tehr)*
powder *m.* polvo *(pohl-voh)*
power *f.* corriente *(coh-rree-ehn-teh)*
pray *v.* rezar *(reh-zahr)*
predator *m./f./adj.* predador/a *(preh-dah-dohr-ah)*
prefabricate *v.* prefabricar *(preh-phah-bree-cahr)*
prefilter *m.* prefiltro *(preh-pheel-troh)*
preservative *m./f./adj.* preservativo/a *(preh-sehr-vah-tee-voh/ah)*
preserve *f.* conserva *(cohn-sehr-vah)*; *v.* conservar *(cohn-sehr-vahr)*
president *m./f./adj.* presidente/a *(preh-see-dehn-teh/ah)*
press *v.* presionar *(preh-see-oh-nahr)*
pressure *f.* presión *(preh-see-óhn)*
prevent *v.* prevenir *(preh-veh-neer)*
prick *v.* pinchar *(peen-chahr)*
priest *m.* sacerdote *(sah-cehr-doh-teh)*
printer *m./f./adj.* impresor/a *(eem-preh-sohr/ah)*
print *v.* imprimir *(eem-pree-meer)*
priority *f.* prioridad *(pree-oh-ree-dahd)*
private *m./f./adj.* privado/a *(pree-vah-doh/ah)*
probability *f.* probabilidad *(proh-bah-bee-lee-dahd)*
procedure *m.* procedimiento *(proh-ceh-dee-mee-ehn-toh)*
process *v.* procesar *(proh-ceh-sahr)*.
profile *m.* perfil *(pehr-pheel)*
programmed *m./f./adj.* programado/a *(proh-grah-mah-doh/ah)*
program *m.* programa *(proh-grah-mah)*
project *m.* proyecto *(proh-yehc-toh)*; *v.* proyectar *(proh-yehc-tahr)*
propagate *v.* propagar *(proh-pah-gahr)*

propagator m./f./adj. propagador/a (proh-pah-gah-<u>dohr</u>)
propane m. propano (proh-<u>pah</u>-noh)
protection f. protección (proh-teh-xee-<u>óhn</u>)
protect v. proteger (proh-teh-<u>gehr</u>)
protein f. proteína (proh-teh-<u>ee</u>-nah)
provide v. proveer (proh-veh-<u>ehr</u>)
prune v. podar (poh-<u>dahr</u>)
psychiatrist m./f./adj. psiquiatra (psee-kee-<u>ah</u>-trah)
psychologist m./f./adj. psicólogo/a (psee-<u>cóh</u>-loh-goh/ah)
pulley f. polea (poh-<u>leh</u>-ah)
pull v. jalar (hah-<u>lahr</u>)
pulmonary adj. pulmonar (pool-moh-<u>nahr</u>)
pulp f. pulpa (<u>pool</u>-pah)
pulverize v. pulverizar (pool-veh-ree-<u>zahr</u>)
pump f. bomba (<u>bohm</u>-bah); bombear (bohm-beh-<u>ahr</u>)
pumpkin f. calabaza (cah-lah-<u>bah</u>-zah)
punch v. agujerar (ah-goo-heh-reh-<u>ahr</u>)
punch m. piñazo (pee-<u>nyah</u>-zoh)
puncture f. perforación (pehr-phoh-rah-see-<u>óhn</u>)
purchase v. comprar (cohm-<u>prahr</u>)
purity f. pureza (poo-<u>reh</u>-zah)
push v. empujar (ehm-poo-<u>hahr</u>)
put v. poner (poh-<u>nehr</u>)

Q

quadrant m. cuadrante (coo-ah-<u>drahn</u>-teh)
qualified m./f./adj. calificado/a (cah-lee-phee-<u>cah</u>-doh/ah)
quality f. calidad (cah-lee-<u>dahd</u>)
quarantine f. cuarentena (coo-ah-rehn-<u>teh</u>-nah)
question f. pregunta (preh-goon-tah); v. preguntar (preh-goon-<u>tahr</u>)
quick m./f./adj. rápido/a (<u>ráh</u>-pee-doh/ah)
quince m. membrillo (mehm-<u>bree</u>-lloh)

R

rabbit m. conejo (coh-<u>neh</u>-hoh)
race f. carrera (cah-<u>rreh</u>-rah)
radiation f. radiación (rah-dee-ah-see-<u>óhn</u>)
radiator m. radiador (rah-dee-ah-<u>dohr</u>)
radio f. radio (<u>rah</u>-dee-oh)
radish m. rábano (<u>ráh</u>-bah-noh)
rag m. trapo (<u>trah</u>-poh)
rail f. barandilla (bah-rahn-<u>dee</u>-llah)
railing f. barandilla (bah-rahn-<u>dee</u>-llah)
rails m./pl. barandales (bah-rahn-<u>dah</u>-lehs)
railway f. vía ferroviaria (<u>vee</u>-ah/pheh-rroh-vee-<u>ah</u>-ree-ah)
raining adj. lloviendo (lloh-vee-<u>ehn</u>-doh)
rain f. lluvia (lyoo-vee-ah); v. llover (lyoo-<u>vehr</u>)
raise v. subir (soo-<u>beer</u>)
raisin f. pasa de uva (<u>pah</u>-sah/deh/<u>oo</u>-vah)
rake m. rastrillo (rahs-<u>tree</u>-lloh); v. rastrillar (rahs-tree-<u>llahr</u>)
ramp f. rampa (<u>rahm</u>-pah)
rancher m./f./adj. ranchero/a (rahn-<u>cheh</u>-roh/ah)
rash m. salpullido (sahl-pool-<u>llee</u>-doh)
raspberries f./pl. frambuesas (phram-boo-<u>eh</u>-sahs)
raspberry f. frambuesa (phram-boo-<u>eh</u>-sah)
rasp m. rallador (rah-llah-<u>dohr</u>)
rattlesnake f. víbora cascabel (<u>vee</u>-boh-rah/deh/cahs/cah/<u>behl</u>)
reach v. alcanzar (ahl-cahn-<u>zahr</u>)
readjust v. reajustar (reh-ah-hoos-<u>tahr</u>)
read v. leer (leh-<u>ehr</u>)
reasonable adj. razonable (rah-zoh-<u>nah</u>-bleh)
receive v. recibir (reh-see-<u>beer</u>)
recessive m./f./adj. recesivo/a (reh-seh-<u>see</u>-voh/ah)
reciprocating m./f./adj. recíproco/a (reh-<u>see</u>-proh-coh/ah)
recognize v. reconocer (reh-coh-noh-cehr)
record m. registro (reh-<u>gees</u>-troh)
rectangle m./adj. rectángulo (rehc-<u>táhn</u>-goo-loh)

34

rectangular *adj.* rectangular
(rehc-tah-goo-lahr)
reduce *v.* reducir *(reh-doo-seer)*
reduction *f.* reducción *(reh-doo-xee-óhn)*
reed *m.* junco *(hoon-coh)*
referee *m.* árbitro *(áhr-bee-troh)*
refer *adj.* referirse *(reh-pheh-reer-seh)*
refill *v.* rellenar *(reh-lleh-nahr)*
reflection *m.* reflejo *(reh-phleh-hoh)*
reflector *m.* reflector *(reh-phlehc-tohr)*
reflectors *m.pl.* reflectores
(reh-plehc-toh-rehs)
refuse *m.* desecho *(deh-seh-choh)*
regimen *m.* régimen *(réh-gee-mehn)*
regrow *v.* rebrotar *(reh-broh-tahr)*
regulation *f.* regulación
(reh-goo-lah-see-óhn)
reinforced *m./f./adj.* reenforzado/a
(reh-ehn-phor-zah-doh/ah)
relapse *f.* recaída *(reh-cah-ee-dah)*
release *v.* soltar *(sohl-tahr)*
remedy *m.* remedio *(reh-meh-dee-oh)*
remember *v.* recordar *(reh-cohr-dahr)*
removable *adj.* desmontable
(dehs-mohn-tah-bleh)
remove *v.* remover *(reh-moh-vehr)*
removing *adv.* retirando *(reh-tee-rahn-doh)*
renter *m./f./adj.* inquilino/a
(een-kee-lee-noh/ah)
repair *f.* reparación *(reh-pah-rah-see-óhn)*;
reparar *(reh-pah-rahr)*
repellent *m./adj.* repelente
(reh-peh-lehn-teh)
repetitive *m./f./adj./adv.* repetitivo/a
(reh-peh-tee-tee-voh/ah)
replace *v.* reemplazar *(reh-ehm-plah-zahr)*
replicate *v.* replicar *(reh-plee-cahr)*
reproduce *v.* reproducir
(reh-proh-doo-seer)
require *v.* requerir *(reh-keh-reer)*
rescue *m.* rescate *(rehs-cah-teh)*
research *v.* investigar *(een-vehs-tee-gahr)*
reseed *v.* resembrar *(reh-sehm-brahr)*
resin *f.* resina *(reh-see-nah)*

resistant *f.* resistencia
(reh-sees-tehn-see-ah)
resist *v.* resistir *(reh-sees-teer)*
respirable *adj.* respirable
(rehs-pee-rah-bleh)
respirator *m.* respirador
(rehs-pee-rah-dohr)
respond *v.* responder *(rehs-pohn-dehr)*
responsibility *f.* responsabilidad
(rehs-pohn-sah-bee-lee-dahd)
restlessness *f.* intranquilidad
(een-trahn-kee-lee-dahd)
rest *m.* reposo *(reh-poh-soh)*; *v.* reposar
(reh-poh-sahr)
restrict *m./f./adj.* restricto/a
(rehs-treec-toh/ah)
retailer *m./f./adj.* menudista
(meh-noo-dees-tah)
retention *f.* retención *(reh-tehn-see-óhn)*
return *m.* retorno *(reh-tohr-noh*; *v.* retornar
(reh-tohr-nahr)
reusable *adj.* reusable *(reh-oo-sah-bleh)*
reversible *(adj.)* reversible
(reh-vehr-see-bleh)
rheumatism *m.* reumatismo
(reh-oo-mah-tees-moh)
rigidity *f.* rigidez *(ree-gee-dehz)*
rigid *m./f./adj.* rígido/a *(ree-gee-doh/ah)*
ring *m.* anillo *(ah-nee-lloh)*
rinse *v.* enjuagar *(ehn-hoo-ah-gahr)*
ripe *m./f./adj.* maduro/a *(mah-doo-roh/ah)*
ripen *v.* madurar *(mah-doo-rahr)*
risk *m.* riesgo *(ree-ehs-goh)*
riveted *m./f./adj.* remachado/a
(reh-mah-chah-doh/ah)
riveter *f.* remachadora
(reh-mah-chah-doh-rah)
rivet *m.* remache *(reh-mah-cheh)*
road *f.* ruta *(roo-tah)*
robe *f.* bata *(bah-tah)*
rock *f.* roca *(roh-cah)*
rodent *m.* roedor *(roh-eh-dohr)*
roller *m.* rodillo *(roh-dee-lloh)*
roll *v.* rodar *(roh-dahr)*

roofer *m./f.adj.* techador/a *(teh-chah-dohr/ah)*
roofing *f./adv.* instalación de techo *(eens-tah-lah-see-óhn/deh/teh-choh)*
roof *m.* techo *(teh-choh)*
root *f.* raíz *(rah-eez)*
rope *f.* cuerda *(coo-ehr-dah)*; *v.* enlazar *(ehn-lah-zahr)*
rosemary *m.* romero *(roh-meh-roh)*
rose *f.* rosa *(roh-sah)*
rotary *m./f./adj.* rotativo/a *(roh-tah-tee-voh/ah)*
rotating *adv.* rotando *(roh-tahn-doh)*
rot *v.* pudrir *(poo-dreer)*
rotten *m./f./adj.* podrido/a *(poh-dree-doh/ah)*
routine *f.* rutina *(roo-tee-nah)*
rubber *f.* goma
rub *v.* frotar *(phroh-tahr)*
rug *f.* alfombra *(ahl-phohm-brah)*
rule *f.* regla *(reh-glah)*
run *v.* correr *(coh-rrehr)*
rusted *m./f./adj.* oxidado/a (m.f./adj.)
rust *v.* oxidar *(oh-xee-dahr)*
rye *m.* centeno *(cehn-teh-noh)*
sack *m.* costal *(cohs-tahl)*

S

safe *m.* seguro *(seh-goo-roh)*
safety *f.* seguridad *(seh-goo-ree-dahd)*
sailor *m.* marinero/a *(mah-ree-neh-roh/ah)*
salad *f.* ensalada *(ehn-sah-lah-dah)*
salamander *f.* salamandra *(sah-lah-mahn-drah)*
salaried *m./f./adj.* asalariado/a *(ah-sah-lah-ree-ah-doh/ah)*
sales *f.* venta *(vehn-tah)*
saliva *f.* saliva *(sah-lee-vah)*
salivation *f.* salivación *(sah-lee-vah-see-óhn)*
salmonella *f.* salmonela *(sahl-moh-neh-llah)*
salt *f.* sal *(sahl)*

sample *f.* prueba *(proo-eh-bah)*
sand *f.* arena *(ah-reh-nah)*
sand *v.* lijar *(lee-hahr)*
sandpaper *m.* papel de lija *(pah-pehl/deh/lee-hah)*
sandstone *f.* arenisca *(ah-reh-nees-cah)*
sandy *m./f./adj.* arenoso/a *(ah-reh-noh-soh/ah)*
sanitize *v.* desinfectar *(deh-seen-phehc-tahr)*
saturate *v.* saturar *(sah-too-rahr)*
saturation *f.* saturación *(sah-too-rah-see-óhn)*
sausage *f.* salchicha *(sahl-chee-chah)*
saw *f.* sierra *(see-eh-rrah)*; *v.* serruchar *(seh-rroo-chahr)*
sawyer *m./adj.* Aserrador *(ah-seh-rrah-dohr)*
say *v.* decir *(deh-seer)*
scab *f.* costra *(cohs-trah)*
scaffold *m.* andamio *(ahn-dah-mee-oh)*
scald *v.* escaldar *(ehs-cahl-dahr)*
scale *f.* escala *(ehs-cah-lah)*
scar *f.* cicatriz *(see-cah-treez)*
scent *m.* olor *(oh-lohr)*
schedule *m.* horario *(oh-rah-ree-oh)*
schedule *m.* itinerario *(ee-tee-neh-rah-ree-oh)*
scientist *m./f./adj.* científico/a *(see-ehn-tee-phee-coh)*
scissor *f.* tijera *(tee-heh-rah)*
scoop *v.* ahuecar *(ah-oo-eh-cahr)*
scorch *v.* quemar *(keh-mahr)*
scrape *v.* raspar *(rahs-pahr)*
scraper *m.* raspador *(rahs-pah-dohr)*
scratcher *f.* rasqueta *(rahs-keh-tah)*
scratch *m.* rasguño *(rahs-goo-nee-oh)*; *v.* rasguñar *(rahs-goo-nee-ahr)*
screened *m./f./adj.* apantallado/a *(ah-pahn-tah-llah-doh/ah)*
screen *f.* pantalla *(pahn-tah-llah)*
screwdriver *m.* destornillador *(dehs-tohr-nee-llah-dohr)*

36

screw m. tornillo (tohr-nee-lloh); v. atornillar (ah-tohr-nee-_llahr_)
scythe f. guadaña (goo-ah-_dah_-nee-ah)
seal m. sello (_seh_-lloh)
seamer f. engatilladora (ehn-gah-tee-llah-_doh_-rah)
season f. temporada (tehm-poh-rah-dah); v. sazonar (sah-zoh-_nahr_)
secretary m./f./adj. secretario/a (seh-creh-_tah_-ree-oh/ah)
section f. sección (seh-xee-_óhn_)
sediment m. sedimento (seh-dee-_mehn_-toh)
seed f. semilla (seh-mee-llah); v. sembrar (sehm-_brahr_)
seizure m. ataque (ah-_tah_-keh)
selection f. selección (seh-leh-xee-_óhn_)
select v. seleccionar (seh-leh-xee-oh-_nahr_)
seller m./f./adj. vendedor/a (vehn-deh-_dohr_/ah)
selling adj./adv. vendiendo (vehn-dee-_ehn_-doh)
sell v. vender (vehn-_dehr_)
semen m. semen (_seh_-mehn)
semiconscious adj. semiconsciente (seh-mee-cohns-see-_ehn_-teh)
send v. enviar (ehn-vee-_ahr_)
separate v. separar (seh-pah-_rahr_)
separation f. separación (seh-pah-rah-see-_óhn_)
serious m./f./adj. serio/a (_seh_-ree-oh/ah)
serrate m. aserrado (ah-seh-_rrah_-doh/ah)
serve v. servir (sehr-_veer_)
services m./pl. servicios (sehr-_vee_-see-ohs)
settle v. asentar (ah-sehn-_tahr_)
severity f./adj. severidad (seh-veh-ree-_dahd_)
sew v. cocer (coh-_cehr_)
sewer f. alcantarilla (ahl-cahn-tah-_ree_-llah)
sex m. sexo (_seh_-xoh)
shade f. sombra (_sohm_-brah); v. sombrear (sohm-breh-_ahr_)
shake v. agitar (ah-gee-_tahr_)

shallow adj. superficial (soo-pehr-phee-see-_ahl_)
shark m. tiburón (tee-boo-róhn)
sharp m./f./adj. afilado/a (ah-phee-_lah_-doh/ah)
sharpen v. afilar (ah-phee-_lahr_)
sharpener m./adj. sacapuntas (sah-cah-poon-tahs)
shave v. afeitar (ah-pheh-ee-_tahr_)
sheep f. oveja (oh-_veh_-hah)
sheets f./pl. sábanas (_sáh_-bah-nahs)
shell f. cascara (_cáhs_-cah-rah)
shield v. escudar (esh-coo-_dahr_)
shift m. turno (_toor_-noh)
shine v. brillar (bree-_llahr_)
shirt f. camisa (cah-_mee_-sah)
shock m. choque (_choh_-keh)
shoot v. disparar (dees-pah-_rahr_)
shopkeeper m./f./adj. vendedor/a (vehn-deh-_dohr_/ah)
shop m. taller (tah-_llehr_)
short m./f./adj. corto/a (_cohr_-toh/ah)
shove m. empuje (ehm-_poo_-heh); v. empujar (ehm-poo-_hahr_)
shovel f. pala (_pah_-lah); v. cavar (cah-_vahr_)
shower v. duchar (doo-_chahr_)
shred v. desmenuzar (dehs-meh-noo-_zahr_)
shrimp m. camarón (cah-mah-_róhn_)
shrivel v. encoger (ehn-coh-_gehr_)
shutter m. postigo (pohs-_tee_-goh)
sick m./f./adj. enfermo/a (ehn-_phehr_-moh/ah)
side m. lado (_lah_-doh)
sieve m./adj. colador (coh-lah-_dohr_)
sift v. cernir (cehr-_neer_)
sign m. signo (_seeg_-noh); v. firmar (pheer-_mahr_)
silo f. ensiladora (ehn-see-lah-_doh_-rah)
silver f. plata (_plah_-tah)
single m./f..adj. soltero/a (sohl-_teh_-roh/ah)
sink m./adj. lavadero (lah-vah-_deh_-roh); v. hundir (oon-_deer_)
siphon m. sifón (see-_phóhn_)
sip v. probar (proh-_bahr_)

37

sir m. señor (seh-nee-_ohr_)
sister f. hermana (ehr-_mah_-nah)
sit v. sentar (sehn-_tahr_)
size m. talle (_tah_-lleh); v. medir (meh-_deer_)
skillet f. sartén (sahr-_téhn_)
skin f. piel (pee-_ehl_)
sky m. cielo (see-_eh_-loh)
skylight m. tragaluz (trah-gah-_looz_)
skyscraper m. rascacielos
(rahs-cah-see-_eh_-lohs)
slack m.f./adj. suelto/a (soo-_ehl_-toh/ah)
slag m. escama (ehs-_cah_-mah)
slam v. azotar (ah-zoh-_tahr_)
slate f. pizarra (pee-_zah_-rrah)
slaughter f. matanza (mah-_tahn_-zah)
sleep v. dormir (dohr-_meer_)
sleeve f. manga (_mahn_-gah)
slice f. rebanada (reh-bah-_nah_-dah); v. rebanar (reh-bah-_nahr_)
slicer m./f./adj. rebanador
(reh-bah-nah-_dohr_/ah)
slide v. deslizar (dehs-lee-_zahr_)
sling f. eslinga (ehs-_leen_-gah)
slip v. resbalar (rehs-bah-_lahr_)
smell m. olor (oh-_lohr_); v. oler (oh-_lehr_)
smoke m. humo (_oo_-moh)
snail m. caracol (cah-rah-_cohl_)
snake f. víbora (_vee_-boh-rah)
sneeze m. estornudo (ehs-tohr-_noo_-doh); v. estornudar (ehs-tohr-noo-_dahr_)
sneezing adj. estornudando
(ehs-tohr-noo-_dahn_-doh)
snow f. nieve (nee-_eh_-veh)
soak v. remojar (reh-moh-_hahr_)
soap m. jabón (hah-_bóhn_)
socket m. encaje (ehn-_cah_-heh)
socks m./pl. calcetines (cahl-seh-_tee_-nehs)
sodium m. sodio (_soh_-dee-oh)
sofa m. sofá (soh-_pháh_)
soft adj. suave (soo-_ah_-veh)
soil m. suelo (soo-_eh_-loh)
solder f. soldadura (sohl-dah-_doo_-rah); v. soldar (sohl-_dahr_)
soldier m. soldado (sohl-_dah_-doh)
sole m. lenguado (lehn-goo-_ah_-doh)
soluble adj. soluble (soh-_loo_-bleh)
son m. hijo (_eeh_-hoh)
sore f. llaga (_yah_-gah)
soreness m. dolor (doh-_lohr_)
sort v. clasificar (clah-see-phee-_cahr_)
sound m. sonido (soh-_nee_-doh)
soup f. sopa (_soh_-pah)
sour m./f./adj. agrio/a (_ah_-gree-oh/ah)
source m. origen (oh-_ree_-gehn)
sow v. sembrar (sehm-_brahr_)
soybean f. soja (_soh_-hah)
soy f. soya (_soh_-yah)
space m. espacio (ehs-_pah_-see-oh); v. espaciar (ehs-pah-see-_ahr_)
spaghetti m. espagueti (ehs-pah-_geh_-tee)
spasm m. espasmo (ehs-_pahs_-moh)
spatula f. espátula (ehs-_pah_-too-lah)
speak v. hablar (ah-_blahr_)
spearmint f. menta verde
(_mehn_-tah/_vehr_-deh)
specification f. especificación
(ehs-peh-see-phee-cah-see-_óhn_)
specimen f. muestra (moo-_ehs_-trah)
speech m. habla (_ah_-blah)
speed f. velocidad (veh-loh-see-_dahd_)
sperm m. esperma (ehs-_pehr_-mah)
spices f./pl. especias (ehs-_peh_-see-ahs)
spider f. araña (ah-_rah_-nee-ah)
spill v. derramar (deh-rrah-_mahr_)
spinach f. espinaca (ehs-pee-_nah_-cah)
spinal f./adj. espinal (ehs-pee-_nahl_)
spine f. espina (ehs-_pee_-nah)
spin v. girar (gee-_rahr_)
splash f. salpicadura
(sahl-pee-cah-doo-rah); v. salpicar
(sahl-pee-_cahr_)
split v. partir (pahr-_teer_)
spoil v. deteriorar (deh-teh-ree-oh-_rahr_)
spoon f. cuchara (coo-_chah_-rah)
spore f. espora (ehs-_poh_-rah)
spot f. mancha (_mahn_-chah)
sprain m. desgarramiento
(dehs-gah-rrah-mee-_ehn_-toh)

sprayer *m./f./adj.* rociador/a *(roh-see-ah-dohr/ah)*
spray *v.* rociar *(roh-see-ahr)*
spread *v.* esparcir *(ehs-pahr-seer)*
spring *f.* primavera *(pree-mah-veh-rah)*
sprinkle *m.* rociador *(roh-see-ah-dohr)*; *v.* rociar *(roh-see-ahr)*
sprout *m.* brote *(broh-teh)*; *v.* brotar *(broh-tahr)*
square *m./f./adj.* cuadrado/a *(coo-ah-drah-doh/ah)*
squash *f.* calabaza *(cah-lah-bah-zah)*
squeeze *v.* exprimir *(ehx-pree-meer)*
squid *m.* calamar *(cah-lah-mahr)*
stab *v.* apuñalar *(ah-poo-nee-ah-lahr)*
stack *v.* apilar *(ah-pee-lahr)*
stainless *adj.* inoxidable *(ee-noh-xee-dah-bleh)*
staircase *f.* escalera *(ehs-cah-leh-rah)*
stairs *f.* escalera *(ehs-cah-leh-rah)*
stairwell *m.* hueco de escalera *(oo-eh-coh/deh/ehs-cah-leh-rah)*
stake *f.* estaca *(ehs-tah-cah)*
stalk *v.* acechar *(ah-seh-chahr)*
stalk *m.* tallo *(tah-lloh)*; *v.* acechar *(ah-ceh-chahr)*
standard *m.* criterio *(cree-teh-ree-oh)*
stand *adv.* pararse *(pah-rahr-seh)*
staple *v.* engrapar *(ehn-grah-pahr)*
stapler *f.* grapadora *(grah-pah-doh-rah)*
staples *f./pl.* grapas *(grah-pahs)*
starch *m.* almidón *(ahl-mee-dóhn)*
start *n.* comienzo *(coh-mee-ehn-zoh)*; *v.* comenzar *(coh-mehn-zahr)*
static *m./f./adj.* estático/a *(ehs-táh-tee-coh/ah)*
statute *m.* estatuto *(ehs-tah-too-toh)*
steam *n.* vapor *(vah-pohr)*; *v.* vaporizar *(vah-poh-ree-zahr)*
steel *m.* acero *(ah-ceh-roh)*
steep *m./f./adj.* empinado/a *(ehm-pee-nah-doh/ah)*; *v.* remojar *(reh-moh-hahr)*
step *m.* paso *(pah-soh)*; *v.* pisar *(pee-sahr)*

stereo *m.* estereo *(ehs-téh-reh-oh)*
sterile *adj.* estéril *(ehs-teh-reel)*
sterility *f./adj.* esterilidad *(ehs-teh-ree-lee-dahd)*
sterilize *v.* esterilizar *(ehs-teh-ree-lee-zahr)*
stew *m.* guisado *(gee-sah-doh)*; *v.* guisar *(gee-sahr)*
stick *m.* palo *(pah-loh)*; *v.* clavar *(clah-vahr)*
stiffening *f.* rigidez *(ree-gee-dehz)*
stiff *m./f./adj.* rígido/a *(ree-gee-doh/ah)*
sting *f.* picadura *(pee-cah-doo-rah)*; *v.* picar *(pee-cahr)*
stir *v.* revolver *(reh-vohl-vehr)*
stitch *m.* punto *(poon-toh)*; *v.* cocer *(coh-cehr)*
stockholder *m./f./adj.* accionista *(ah-xee-oh-nees-tah)*
stockpile *f.* reserva *(reh-sehr-vah)*
stock *m.* caldo *(cahl-doh)*
stone *f.* piedra *(pee-eh-drah)*
stonecutter *m.* cantero *(cahn-teh-roh)*
stop *v.* parar *(pah-rahr)*
stored *m./f./adj.* almacenado/a (m.f./adj.)
store *f.* tienda *(tee-ehn-dah)*; *v.* almacenar *(ahl-mah-ceh-nahr)*
stove *f.* estufa *(ehs-too-phah)*
straight *m./f.adj.* recto/a *(rehc-toh/ah)*
strain *v.* colar *(coh-lahr)*
strap *f.* correa *(coh-rreh-ah)*
stratify *v.* estratificar *(ehs-trah-tee-phee-cahr)*
strawberries *f.* fresa *(phreh-sah)*
straw *f.* paja *(pah-hah)*
stream *m.* arroyo *(ah-rroh-yoh)*
street *m.* calle *(cah-lleh)*
stress *m.* estrés *(ehs-tréhs)*
stretch *v.* estirar *(ehs-tee-rahr)*
string *m.* hilo *(ee-loh)*
stucco *m.* estuco *(ehs-too-coh)*
student *m./f./adj.* estudiante *(ehs-too-dee-ahn-teh)*
study *v.* estudiar *(ehs-too-dee-ahr)*
stump *m.* tronco *(trohn-coh)*
sturdy *adj.* fuerte *(foo-ehr-teh)*

39

subcontractor *m./f./adj.* subcontratista *(soob-cohn-trah-tees-tah)*
submerge *v.* sumergir *(soo-mehr-geer)*
subnormal *adj.* subnormal *(soob-nohr-mahl)*
substance *f.* substancia *(soobs-tahn-see-ah)*
subtract *v.* substraer *(soobs-trah-ehr)*
suck *v.* chupar *(choo-pahr)*
sudden *adj./adv.* repentino/a *(reh-pehn-tee-noh/ah)*
sugar *m.* azúcar *(ah-zoo-cahr)*
sulfur *m.* azufre *(ah-zoo-cahr)*
sunflower *m.* girasol *(gee-rah-sohl)*
sun *m.* sol *(sohl)*
supplier *m./f./adj.* abastecedor/a *(ah-bahs-teh-ceh-dohr/ah)*
supply *v.* suministrar *(soo-mee-nees-trahr)*
support *v.* apoyar *(ah-poh-yahr)*
support *m./f./adj.* soporte *(soh-pohr-teh)*
survive *v.* sobrevivir *(soh-breh-vee-veer)*
suspenders *m.pl.* tirantes *(tee-rahn-tehs)*
swallow *v.* tragar *(trah-gahr)*
swallow *v.* tragar *(trah-gahr)*
sweat *m.* sudor *(soo-dohr)*; *v.* sudar *(soo-dahr)*
sweep *v.* barrer *(bah-rrehr)*
sweet *m.* dulce *(dool-ceh)*
sweetened *m./f./adj.* endulzado/a *(ehn-dool-zah-doh/ah)*
swell *v.* hinchar *(een-chahr)*
swelling *f.* hinchazón *(een-chah-zóhn)*
swim *v.* nadar *(nah-dahr)*
swing *f.* hamaca *(ah-mah-cah)*
swirl *m.* remolino *(reh-moh-lee-noh)*; *v.* remoler *(reh-moh-lehr)*
switch *m.* interruptor *(een-teh-roop-tohr)*
swivel *v.* girar *(gee-rahr)*
swollen *m./f./adj.* inflamado/a *(een-plah-mah-doh/ah)*
swordfish *m.* pez espada *(pehz/ehs-pah-dah)*
synthesize *v.* sintetizar *(seen-teh-tee-zahr)*
syringe *f.* jeringa *(heh-reen-gah)*

systemic *m./f./adj.* sistémico/a *(sees-teh-mee-coh/ah)*

T

tablecloth *m.* mantel *(mahn-tehl)*
table *f.* mesa *(meh-sah)*
tablespoon *f.* cucharada *(coo-chah-rah)*
tack *f.* tachuela *(tah-choo-eh-lah)*
tactile *adj.* táctil *(táhc-teel)*
tag *f.* etiqueta *(eh-tee-keh-tah)*
tailor *m.* sastre *(sahs-treh)*
take *v.* llevar *(lleh-vahr)*
talc *m.* talco *(tahl-coh)*
talk *v.* hablar *(ah-blahr)*
tamarind *m.* tamarindo *(tah-mah-reen-doh)*
tangerine *f.* tangerina *(tahn-geh-ree-nah)*
tank *m.* tanque *(tahn-keh)*
tape *f.* cinta *(seen-tah)*; *v.* grabar *(grah-bahr)*
task *f.* tarea *(tah-reh-ah)*
taste *v.* saborear *(sah-boh-reh-ahr)*
teacher *m./f./adj.* maestro/a *(mah-ehs-troh/ah)*
tear *f.* Lágrima *(láh-gree-mah)*; *v.* desgarrar *(dehs-gah-rrahr)*
tea *m.* té *(téh)*
telephone *m.* teléfono *(teh-léh-phoh-noh)*
television *f.* televisión *(teh-leh-vee-see-óhn)*
tell *v.* decir *(deh-seer)*
tempered templado/a *(tehm-plah-doh/ah)*
temple *m.* templo *(tehm-ploh)*
temporary *m./f./adj.* temporario/a *(tehm-poh-rah-ree-oh/ah)*
tendency *f.* tendencia *(tehn-dehn-see-ah)*
tendons *m./pl.* tendones *(tehn-doh-nehs)*
terminal *f./adj.* terminal *(tehr-mee-nahl)*
termite *f.* termita *(tehr-mee-tah)*
test *f.* prueba *(proo-eh-bah)*; *v.* probar *(proh-bahr)*
textured *m./f./adj.* texturizado/a *(tehx-too-ree-zah-doh/ah)*
texture *f.* textura *(tehx-too-rah)*

thaw v. descongelar *(dehs-cohn-geh-lahr)*
thick m./f./adj. grueso/a *(groo-eh-soh/ah)*
thickness m. espesor *(ehs-peh-sohr)*
thief m./f./adj. ladrón/a *(lah-dróhn/ah)*
thimble m. ojal *(oh-hahl)*
thin m./f./adj. delgado/a *(dehl-gah-doh/ah)*
think v. pensar *(pehn-sahr)*
thorn f. espina *(ehs-pee-nah)*
threat f. amenaza *(ah-meh-nah-zah)*
threshold m. umbral *(oom-brahl)*
throat f. garganta *(gahr-gahn-tah)*
throw v. tirar *(tee-rahr)*
thumb m. pulgar *(pool-gahr)*
thyme m. tomillo *(toh-mee-lloh)*
tie v. atar *(ah-tahr)*
tight m./f./adj. apretado/a (m.f./adj.)
tighten v. apretar *(ah-preh-tahr)*
tile f. baldosa *(bahl-doh-sah)*
timer m./adj. minutero *(mee-noo-teh-roh)*
time m. tiempo *(tee-ehm-poh)*
tin m. estaño *(ehs-tah-nee-oh)*
tingling m./adj. cosquilleo
(cohs-kee-lleh-oh)
tiptoe f./adj. punta del pie
(poon-tah/dehl/pee-eh)
tissue m. tejido *(teh-hee-doh)*
toaster m./f./adj. tostador/a
(tohs-tah-dohr/ah)
toast m./f./adj. tostado/a *(tohs-tah-doh/ah)*
tobacco m. tabaco *(tah-bah-coh)*
toilet m. inodoro *(ee-noh-doh-roh)*
tolerance f. tolerancia
(toh-leh-rahn-see-ah)
tomato m. tomate *(toh-mah-teh)*
tongs f./pl. tenazas *(teh-nah-zahs)*
tongue f. lengua *(lehn-goo-ah)*
ton f. tonelada *(toh-neh-lah-dah)*
tool m. herramienta *(eh-rrah-mee-ehn-tah)*
toothbrush m. cepillo de dientes
(ceh-pee-lloh/deh/dee-ehn-tehs)
top m./adj./adv. tope *(toh-peh)*
torch m. soplete *(soh-pleh-teh)*
torn m./f./adj. desgarrado/a
(dehs-gah-rrah-doh/ah)

touch v. tocar *(toh-cahr)*
towel f. toalla *(toh-ah-llah)*
tower f. torre *(toh-rreh)*
toxicity f. toxicidad *(toh-xee-cee-dahd)*
toxic m.f./adj. tóxico/a *(tóh-xee-coh/ah)*
toxin f. toxina *(toh-xee-nah)*
trace f. traza *(trah-zah)*
track f. vía *(vee-ah)*
tractor m. tractor *(trahc-tohr)*
trainer m./f./adj. entrenador/a
(ehn-treh-nah-dohr/ah)
training m. entrenamiento
(ehn-treh-nah-mee-ehn-toh)
train m. tren *(trehn)*; entrenar
(ehn-treh-nahr)
translate v. traducir *(trah-doo-seer)*
translator m./f./adj. traductor/a
(trah-dooc-tohr/ah)
transmission f. transmisión
(trahns-mee-see-óhn)
transparent adj. transparente
(trahns-pah-rehn-teh)
transpire v. transpirar *(trahns-pee-rahr)*
transplant v. transplantar
(trahns-plahn-tahr)
trap f. trampa *(trahm-pah)*; v. atrapar
(ah-trah-pahr)
treatment m. tratamiento
(trah-tah-mee-ehn-toh)
tree m. árbol m. *(áhr-bohl)*
trellis m. soporte *(soh-pohr-teh)*
trencher f. zanjadora *(zahn-hah-doh-rah)*
trench f. zanja *(zahn-hah)*; v. zanjar
(zahn-hahr)
triangle m. triángulo *(tree-áhn-goo-loh)*
trim v. recortar *(reh-cohr-tahr)*
tripod m. trípode *(tree-poh-deh)*
trout f. trucha *(troo-chah)*
trowel f. paleta *(pah-leh-tah)*
truck m. camión *(cah-mee-óhn)*
trunk m. tronco *(trohn-coh)*
try v. probar *(proh-bahr)*
tuberculosis f. tuberculosis
(too-behr-coo-loh-sees)

41

tuber m. tubérculo (too-behr-coo-loh)
tubing f. cañería (cah-nee-eh-ree-ah)
tubular m./adj. tubular (too-boo-lahr)
tumor m. tumor (too-mohr).
tuna m. atún (ah-toon)
tune-up v. afinar (ah-phee-nahr)
tunnel m. túnel (too-nehl)
turnip m. nabo (nah-boh)
turn m. turno (toor-noh); v. voltear (vohl-teh-ahr)
twist f. torcedura (tohr-seh-doo-rah); v. torcer (tohr-cehr)
twitch f. sacudida (sah-coo-dee-dah); v. crispar (crees-pahr)
type m. tipo (tee-poh); v. teclear (teh-cleh-ahr)

U

ugly m.f./adj. feo/a (pheh-oh/ah)
ulcer f. úlcera (ool-ceh-rah)
ultimate adj. último/a (ool-tee-moh/ah)
ultra adj. ultra (ool-trah)
ultraviolet f. ultravioleta (ool-trah-vee-oh-leh-tah)
unaccustomed m./f./adj. inacostumbrado/a (ee-nah-cohs-toom-brah-doh/a)
unadapted m./f./adj. inadaptado/a (ee-nah-dahp-tah-doh/ah)
unadorned m./f./adj. inadornado/a (ee-nah-dohr-nah-doh/ah)
unaffected m./f./adj. infectado/a (ee-nah-phehc-tah-doh/ah)
unaided adj. sin ayuda (seen/ah-yoo-dah)
uncap v. destapar (dehs-tah-pahr)
uncle m. tío (tee-oh)
uncomfortable m.f./adj. incomodo/a (een-cóh-moh-doh/ah)
unconsciousness adj. inconciente (een-cohn-see-ehn-teh)
uncontrollable adj. incontrolable (een-cohn-troh-lah-bleh)
uncover v. descubrir (dehs-coo-breer)

underground m./f./adj. subterráneo (soob-teh-rráh-neh-oh/ah)
underlay v. subyacer (soob-yah-cehr)
undesirable adj. indeseable (een-deh-see-ah-bleh)
undissolvable adj. indisoluble (een-dee-soh-loo-bleh)
unexpected m./f./adj. inesperado/a (ee-nehs-peh-rah-doh/ah)
unfit adj. incapaz (een-cah-pahz)
uniform m. uniforme (oo-nee-phor-meh)
uniloader m./f./adj. minicargador/a (mee-nee-cahr-gah-dohr/ah)
union f. unión (oo-nee-óhn)
unisex m. unisexo (oo-nee-sehx-oh)
unit f. unidad (oo-nee-dahd)
universal adj. universal (oo-nee-vehr-sahl)
unload v. descargar (dehs-cahr-gahr)
unlock v. desbloquear (dehs-bloh-keh-ahr)
unplug v. desenchufar (deh-sehn-choo-phar)
unprogrammed m./f./adj. inprogramado/a (een-proh-grah-mah-doh/ah)
unprotected adj. desprotegido/a (dehs-proh-teh-gee-doh)
unripe m./f./adj. inmaduro/a (een-mah-doo-roh/ah)
unscrew v. desatornillar (dehs-tohr-nee-llahr)
untreated adj. Intratable (een-trah-tah-bleh)
up adv. arriba (ah-rree-bah)
update v. actualizar (ahc-too-ah-lee-zahr)
urge m. impulso (eem-pool-soh)
urinate v. orinar (oh-ree-nahr)
urine f. orina (oh-ree-nah)
useful adj. útil (oo-teel)
user m./f./adj. usuario/a (oo-soo-ah-ree-oh/ah)
use m. uso (oo-soh)
utensil m. utensilio (oo-tehn-see-lloh)
uterus m. útero (oo-teh-roh)
utilization f. utilización (oo-tee-lee-zah-see-óhn)

V

vaccinate v. vacunar (vah-coo-_nahr_)
vaccine f. vacuna (vah-_coo_-nah)
vacuum f. aspiradora
(ahs-pee-rah-_doh_-rah); v. aspirar
(ahs-pee-_rahr_)
valve f. válvula (_váhl_-voo-lah)
vanilla f. vainilla (vah-ee-_nee_-llah)
vanish v. desaparecer
(deh-sah-pah-reh-_cehr_)
vapor m. vapor (vah-_pohr_)
variance f. variación (vah-ree-ah-see-_óhn_)
variety f. variedad (vah-ree-eh-_dahd_)
varnish m. barniz (bahr-_neez_)
vegetable m. vegetal (veh-geh-_tahl_)
vegetable f. verdura (vehr-_doo_-rah)
vein f. vena (_veh_-nah)
ventilate v. ventilar (veh-tee-_lahr_)
ventilation f. ventilación
(vehn-tee-lah-see-_óhn_)
ventilator m. ventilador (vehn-tee-lah-_dohr_)
verify v. verificar (veh-ree-phee-_cahr_)
versatile adj. versátil (vehr-_sáh_-teel)
vertebra f. vertebra (_vehr_-teh-brah)
vertical adv. vertical (vehr-tee-_cahl_)
vertigo m. vértigo (_véhr_-tee-goh)
vest m. chaleco (chah-_leh_-coh)
veterinarian m./f./adj. veterinario/a
(veh-teh-ree-_nah_-ree-oh)
viability f. viabilidad (vee-tah-bee-_lee_-dahd)
vibration f. vibración (vee-brah-see-_óhn_)
vibrator m./f./adj. vibrador
(vee-brah-_dohr_/ah)
vigorous m./f./adj. vigoroso/a
(vee-goh-_roh_-soh/ah)
vineyard m. viñedo (vee-nee-_eh_-doh)
vinyl m. vinilo (vee-_nee_-loh)
violation f. infracción (een-phrah-xee-_óhn_)
viral adj. viral (vee-_rahl_)
virus m. virus (_vee_-roos)
viscosity f. viscosidad
(vees-coh-see-_dahd_)
viscous m./f./adj. viscoso/a
(vees-_coh_-soh/ah)
visible adj. visible (vee-_see_-bleh)
visual adj. visual (vee-soo-_ahl_)
vitamin f. vitamina (vee-tah-_mee_-nah)
volatile adj. volátil (voh-_láh_-teel)
volume m. volumen (voh-_loo_-mehn)
vomit m. vómito (_vóh_-mee-toh)

W

wage m. sueldo (soo-_ehl_-doh)
waist f. cintura (seen-_too_-rah)
waiter m. mesero (meh-_seh_-roh)
wait v. esperar (ehs-peh-_rahr_)
waitress f. mesera (_meh_-seh-rah)
walk v. caminar (cah-mee-_nahr_)
wallpapering v. empapelar
(ehm-pah-peh-_lahr_)
wall f. pared (pah-_rehd_)
walnut f. nuez (noo-_ehz_)
want v. querer (keh-_rehr_)
ward v. proteger (proh-teh-_gehr_)
warehouse m. almacén (ahl-mah-_céhn_)
warehouser adj. almacenista
(ahl-mah-ceh-_nees_-tah)
warm m.f./adj. tibio/a (cah-lehn-_tahr_); v.
calentar (cah-lehn-_tahr_)
warmth v. calor (cah-_lohr_)
warn v. advertir (ahd-vehr-_teer_)
warp v. deformar (deh-phor-_mahr_)
warrant f. orden (_ohr_-dehn)
wart f. verruga (veh-_rroo_-gah)
wasabi m. wasabi (wah-_sah_-bee)
wash m. basin (bah-_seen_); v. lavar
(lah-_vahr_)
washer f. lavadora (lah-vah-_doh_-rah)
waste m. desperdicio
(dehs-pehr-dee-see-oh); v. desperdiciar
(dehs-pehr-dee-see-_ahr_)
watch v. mirar (mee-_rahr_)
water f. agua (_ah_-goo-ah)
watermelon f. sandia (sahn-_dee_-ah)

43

waterproof *adj.* impermeable *(eem-pehr-mee-ah-bleh)*
water *f.* agua *(ah-goo-ah); v.* regar *(reh-gahr)*
wavy *m./f./adj.* ondulado/a *(ohn-doo-lah-doh/ah)*
wax *f.* cera *(ceh-rah); v.* encerar *(ehn-ceh-rahr)*
weakness *f.* debilidad *(deh-bee-lee-dahd)*
wear *v.* usar *(oo-sahr)*
weather *m.* tiempo *(tee-ehm-poh)*
weave *v.* tejer *(teh-hehr)*
wedge *f.* cuña *(coo-nee-ah); v.* acuñar *(ah-coo-nee-ahr)*
weed *f.* hierba *(ee-ehr-bah); v.* desmalezar *(dehs-mah-leh-zahr)*
weekly *adj./adv.* semanalmente *(seh-mah-nahl-mehn-teh)*
weigh *v.* pesar *(peh-sahr)*
weight *m.* peso *(peh-soh)*
welcome *m./f./adj.* bienvenido/a *(bee-ehn-veh-nee-doh/ah)*
welder *m./f./adj.* soldador/a *(sohl-dah-dohr/ah)*
weld *v.* soldar *(sohl-dahr)*
well *m.* pozo *(poh-zoh)*
wet *m.f./adj.* mojado/a *(moh-hah-doh/ah)*
wheatgrass *m.* pasto de trigo *(pahs-toh/deh/tree-goh)*
wheat *m.* trigo *(tree-goh)*
wheelbarrow *f.* carretilla *(cah-rreh-tee-llah)*
wheel *f.* rueda *(roo-eh-dah)*
while *adv.* mientras *(mee-ehn-trahs)*
whip *v.* azotar *(ah-zoh-tahr)*
whirlpool *m.* remolino *(reh-moh-lee-noh)*
wrap *f.* manta *(mahn-tah)*
wring *v.* retorcer *(reh-tohr-cehr)*
wrinkle *f.* arruga *(ah-rroo-gah); v.* arrugar *(ah-rroo-gahr)*
wrist *f.* muñeca *(moo-nee-eh-cah)*
write *v.* escribir *(ehs-cree-beer)*
writer *m./f./adj.* escritor/a *(ehs-cree-tohr/ah)*
wrong *m./f./adj.* equivocado/a *(eh-kee-voh-kah-doh/ah)*

whiten *v.* blanquear *(blahn-keh-ahr)*
wholesaler *m./f./adj.* mayorista *(mah-yoh-rees-tah)*
wide *m./f./adj.* ancho/a *(ahn-choh/ah)*
widen *v.* ensanchar *(ehn-sahn-chahr)*
wife *f./adj.* esposa *(ehs-poh-sah)*
willful *m./f./adj.* intencionado/a *(een-tehn-see-oh-nah-doh/ah)*
wilt *v.* marchitar *(mahr-chee-tahr)*
winch *m.* torno *(tohr-noh)*
window *f.* ventana *(vehn-tah-nah)*
wind *m.* viento *(vee-ehn-toh)*
wine *m.* vino *(vee-noh)*
win *v.* ganar *(gah-nahr)*
winner *m./f./adj.* ganador/a *(gah-nah-dohr/ah)*
winter *m.* invierno *(een-vee-ehr-noh)*
wipe *v.* limpiar *(leem-pee-ahr)*
wire *m.* alambre *(ah-lahm-breh); v.* alambrar *(ah-lahm-brahr)*
withered *m./f./adj.* marchitado/a *(mahr-chee-tah-doh/ah)*
witness *m.* testigo *(tehs-tee-goh)*
woman *f.* mujer *(moo-hehr)*
wood *f.* madera *(mah-deh-rah)*
wool *f.* lana *(lah-nah)*
worker *m./f./adj.* trabajador/a *(trah-bah-hah-dohr/ah)*
work *v.* trabajar *(trah-bah-hahr)*
worn *m./f./adj.* desgastado/a *(dehs-gahs-tah-doh/ah)*
worth *m.* valor *(vah-lohr); v.* valer *(vah-lehr)*
wound *f.* herida *(eh-ree-dah)*
wrap *v.* envolver *(ehn-vohl-vehr)*

X
xylem *f.* xilema *(xee-leh-mah)*
xylidine *f.* Xilidina *(xee-lee-dee-nah)*

Y

yam *m.* camote *(cah-moh-teh)*
yard *m.* jardín *(hahr-deen)*
yard *f.* yarda *(yahr-dah)*
yawning *m.* bostezo *(bohs-teh-zoh)*
yield *m.* rendimiento
(rehn-dee-mee-ehn-toh)
yogurt *m.* yogur *(yoh-goor)*
young *adj.* joven *(hoh-vehn)*
yucca *f.* yuca *(yoo-cah)*

zero *m.* cero *(ceh-roh)*
zest *f.* cáscara *(cáhs-cah-rah)*
zigzag *v.* poner en zigzag
(poh-nehr/ehn/zeeg-zahg)
zinc *m.* zinc *(zeenk)*
zone *f.* zona *(zoh-nah)*
zoologist *m./f./adj.* zoólogo/a *(zóh-loh-goh)*
zoology *f.* zoología *(zoo-loh-gee-ah)*

Z

zenith *m.* apogeo *(ah-poh-geh-oh)*

COMPUTER TERMS

background *adv.* fondo *(phon-doh).*

battery *f.* bateria *(bah-teh-ree-ah).*

broken *m./f./adj.* roto/a *(roh-toh/ah).*

built-in *m./f./adj.* incorporado/a *(een-cohr-poh-rah-doh/ah)*

cable *m.* cable *(cah-bleh)*

cartridge *m.* cartucho *(cahr-too-choh)*

CD-ROM *m.* CD-ROM *(ceh-deh/rohm)*

compatible *adj.* compatible *(cohm-pah-tee-bleh)*

compile *v.* compilar *(cohm-pee-lahr)*

computer *f.* computadora *(cohm-poo-tah-doh-rah)*

connect *v.* conectar *(coh-nehc-tahr)*

control *m.* mando *(mahn-doh)*

data *m./pl.* datos *(dah-tohs)*

delete *v.* borrar *(boh-rrahr)*

diagnostic *m.* diagnóstico *(dee-ahg-nóhs-tee-coh)*

directory *m.* directorio *(dee-rehc-toh-ree-oh)*

disk *m.* disco *(dees-coh)*

empty *adj.* vacío/a *(vah-see-oh/ah)*

error *m.* error *(eh-rrohr)*

external *adj./adv* externo/a *(ehx-tehr-noh/ah)*

file *m.* archivo *m. (ahr-chee-voh)*

font *f.* letra *(leh-trah)*

format *m.* formato *(fohr-mah-toh)*

graphic *m./f./adj.* grafico/a *(grah-phee-coh/ah)*

guarantee *f.* garantía *(gah-rahn-tee-ah)*

hacker *m.* pirata *(pee-rah-tah)*

half *f.* mitad *(mee-tahd)*

icon *m.* ícono *(ee-coh-noh)*

image *f.* imagen *(ee-mah-gehn)*

ink *f.* tinta *(teen-tah)*

install *v.* instalar *(eens-tah-lahr)*

interface *f.* interface *(een-tehr-phah-ceh)*

internal *adj./adv.* interno/a *(een-tehr-noh/ah)*

keyboard *m.* teclado *(teh-clah-doh)*

margin *m.* margen *(mahr-gehn)*

memory *f.* memoria *(meh-moh-ree-ah)*

menu *m.* menú *(meh-noo)*

monitor *m.* monitor *(moh-nee-tohr)*

mouse *f.* ratón *(rah-tóhn)*

multimedia *f.* multimedia *(mool-tee-meh-dee-ah)*

multitasking *f.* multitarea *(mool-tee-tah-reh-ah)*

panel *m.* tablero *(tah-bleh-roh)*

paper *m.* papel *(pah-pehl)*

password *f.* contraseña *(cohn-trah-seh-nee-ah)*

power *f.* energía *(eh-nehr-gee-ah)*

print *v.* imprimir *(eem-pree-meer)*

program *m.* programa *(proh-grah-mah)*

RAM *m.* RAM *(rahm)*

reboot *v.* rearrancar *(reh-ah-rrahn-cahr)*

recover *v.* recuperar *(reh-coo-peh-rahr)*

repair *v.* reparar *(reh-pah-rahr)*

replace *v.* reemplazar *(reh-ehm-plah-zahr)*

scan *v.* buscar *(boos-cahr)*

screen *f.* pantalla *(pahn-tah-llah)*

select *v.* seleccionar *(seh-leh-xee-oh-nahr)*
system *m.* sistema *(sees-teh-mah)*

tabulate *v.* tabular *(tah-boo-lahr)*

text *m.* texto *(tehx-toh)*

video *m.* video *(vee-deh-oh)*

virus *m.* virus *(vee-roos)*

NUMBERS

1. **one** uno *(oo-noh)*

2. **two** dos *(dohs)*

3. **three** tres *(trehs)*

4. **four** cuatro *(coo-ah-troh)*

5- **five** cinco *(seen-coh)*

6- **six** seis *(seh-ees)*

7- **seven** siete *(see-eh-teh)*

8- **eight** ocho *(oh-choh)*

9- **nine** nueve *(noo-eh-veh)*

10- **ten** *(dee-ehz)*

11- **eleven** once *(ohn-ceh)*

12- **twelve** doce *(doh-ceh)*

13- **thirteen** trece *(treh-ceh)*

14- **fourteen** catorce *(cah-tohr-ceh)*

15- **fifteen** quince *(queen-ceh)*

16- **sixteen** dieciséis *(dee-eh-see-says)*

17- **seventeen** diecisiete *(dee-eh-see-see-eh-teh)*

18- eighteen dieciocho *(dee-eh-see-oh-choh)*

19- nineteen diecinueve *(dee-eh-see-noo-eh-veh)*

20- twenty veinte *(veh-een-teh)*

30- thirty treinta *(treh-een-tah)*

40- forty cuarenta *(coo-ah-rehn-tah)*

50- fifty cincuenta *(seen-coo-ehn-tah)*

60- sixty sesenta *(seh-sehn-tah)*

70- seventy setenta *(seh-tehn-tah)*

80- eighty ochenta *(oh-chehn-tah)*

90- ninety noventa *(noh-vehn-tah)*

100- one hundred cien *(see-ehn)*

1,000- one thousand mil *(meel)*

10,000- ten thousand diez mil *(dee-ehz-meel)*

100,000- one hundred thousand cien mil *(see-ehn/meel)*

1,000,000- one million un millón *(oon/mee-llóhn)*

1,000.000.0000- one billion un billón *(oon-bee-llóhn)*

SEQUENCE NUMBERS

1st. first *m./f.* primero/a *(pree-meh-roh/ah)*

2nd. second *m./f.* segundo/a *(seh-goon-doh/ah)*

3rd. third *m./f.* tercero/ah *(tehr-ceh-roh/ah)*

4th. forth *m./f.* cuarto/a *(coo-ahr-toh/ah)*

5th. fifth *m./f.* quinto/a *(keen-toh/ah)*

6th. sixth *m./f.* sexto/a *(sehx-toh/ah)*

7th. seventh *m./f.* séptimo/a *(séhp-tee-moh)*

8th. eighth *m./f.* eight octavo/a *(ohc-tah-voh)*

9th. ninth *m./f.* noveno/a *(noh-veh-noh/ah)*

10th. tenth *m./f.* décimo/a *(déh-see-moh/ah)*

20th. twentieth *m./f.* vigésimo/a *(vee-géh-see-moh/ah)*

30th. thirtieth *m./f.* trigésimo/a *(tree-géh-see-moh/ah)*

40th. fortieth *m./f.* cuadragésimo/a *(coo-ah-drah-géh-see-moh)*

50th. fiftieth *m./f.* quincuagésimo/a *(keen-coo-ah-géh-see-moh/ah)*

60th. sixtieth *m./f.* sexagésimo/ah *(seh-sah-géh-see-moh/ah)*

70th seventieth *m./f.* septuagésimo *(sehp-too-ah-géh-see-moh/ah)*

80th eightieth *m./f.* octagésimo/a *(ohc-tah-géh-see-moh/ah)*

90th ninetieth *m./f.* nonagésimo/a *(noh-nah-géh-si-moh/ah)*

100th hundredth *m./f.* centésimo *(cehn-téh-see-moh/ah)*

500th five hundredth *m./f.* quingentésimo *(queen-gehn-téh-see-moh/ah)*

1000th thousandth *m./f.* milésimo/a *(mee-léh-see-moh/ah)*

COLORS

yellow *m./f.* amarillo/a *(ah-mah-ree-lloh/ah)*

orange *m./f.* anaranjado/a *(ah-nah-rahn-hah-doh/ah)*

blue *m./f.* azul *(ah-zool)*

navy blue *m./f.* azul marino/a *(ah-zool/mah-ree-noh/ah)*

white *m./f.* blanco/a *(blahn-coh/ah)*

brown *m./f.* marrón *(mah-rróhn)*

tan *(m./f.)* beige *(beh-eesh)*

purple *(m./f.)* morado/a *(moh-rah-doh/ah)*

black *(m./f.)* negro/a *(neh-groh/ah)*

red *(m./f.)* rojo/a *(roh-hoh/ah)*

green *(m.f.)* verde *(vehr-deh)*

violet *(m./f.)* violeta *(vee-oh-leh-tah)*

DAYS OF THE WEEK

Sunday Domingo *(doh-meen-goh)*

Monday Lunes *(loo-nehs)*

Tuesday Martes *(mahr-tehs)*

Wednesday Miércoles *(mee-éhr-coh-lehs)*

Thursday Jueves *(hoo-eh-vehs)*

Friday Viernes *(vee-ehr-nehs)*

Saturday Sábado *(sáh-bah-doh)*

OFFICIAL U.S.A. HOLIDAYS

New Year: January 1st

Martin Luther King Jr.: Third Monday in January

President Day: Third Monday in February

Memorial Day: Last Monday in May

Independence Day: July 4th

Labor Day: First Monday in September

Veterans Day: Second Monday in November

Thanksgiving Day: Fourth Thursday in November

Christmas Day: December 25th

MONTHS OF THE YEAR

January Enero *(eh-neh-roh)*

February Febrero *(feh-breh-roh)*

March Marzo *(mahr-zoh)*

April Abril *(ah-breel)*

May Mayo *(mah-shoh)*

June Junio *(hoo-nee-oh)*

July Julio *(hoo-lee-oh)*

August Agosto *(ah-gohs-toh)*

September Septiembre *(sehp-tee-ehm-breh)*

November Noviembre *(noh-vee-ehm-breh)*

December Diciembre *(dee-see-ehm-breh)*

SEASONS

Spring Primavera *(pree-mah-veh-rah)*

Fall Otoño *(oh-toh-nee-oh)*

Summer Verano *(veh-rah-noh)*

Winter Invierno *(een-vee-ehr-noh)*

THE WEATHER

rain storm *m.* aguacero *(ah-goo-ah-ceh-roh)*

heat *adj.* caliente *(cah-lee-ehn-teh)*

hot *m.* calor *(cah-lohr)*

frozen *m./f./adj.* congelado/a *(cohn-geh-lah-doh/ah)*

freezing *adv.* congelando *(cohn-geh-lahn-doh)*

clear *m.f./adj.* despejado/a *(dehs-peh-hah-doh/ah)*

iced *m./f./adj.* enhielado/a *(ehn-ee-eh-lah-doh/ah)*

hailing *adj.* granizando *(grah-nee-zahn-doh)*

hail *m.* granizo *(grah-nee-zoh)*

ice *m.* hielo *(ee-eh-loh)*

hurricane *m.* huracán *(oo-rah-cáhn)*

rain *f.* lluvia *(lloo-vee-ah)*

rainy *adj.* lluvioso/a *(lloo-vee-oh-soh)*

wet *adj.* mojado/a *(moh-hah-doh/ah)*

snowing *adj.* nevando *(neh-vahn-doh)*

snow *f.* nieve *(nee-eh-veh)*

cloudy *adj.* nublado/a *(noo-blah-doh/ah)*

lighting *f.* relámpago *m. (reh-láhm-pah-go)*

dry *adj.* seco *(seh-coh)*

sun *m.* sol *(sohl)*

sunny *adj.* soleado/a *(soh-leh-ah-doh/ah)*

tornado *m.* tornado *(tohr-nah-doh)*

storm *f.* tormenta *(tohr-mehn-tah)*

thunder *m.* trueno *(troo-eh-noh)*

www.ingramcontent.com/pod-product-compliance
Lightning Source LLC
LaVergne TN
LVHW051512070426
835507LV00022B/3071